高校体育发展及实践路径探索

刘兴斌 著

全国百佳图书出版单位
吉林出版集团股份有限公司

图书在版编目（CIP）数据

高校体育发展及实践路径探索 / 刘兴斌著. — 长春：吉林出版集团股份有限公司，2023.6
ISBN 978-7-5731-3616-9

Ⅰ．①高… Ⅱ．①刘… Ⅲ．①体育教学－教学研究－高等学校 Ⅳ．①G807.4

中国国家版本馆CIP数据核字（2023）第115313号

GAOXIAO TIYU FAZHAN JI SHIJIAN LUJING TANSUO
高校体育发展及实践路径探索

著：	刘兴斌
责任编辑：	朱 玲
封面设计：	冯冯翼
开　　本：	787mm×1092mm　1/16
字　　数：	230千字
印　　张：	9.25
版　　次：	2023年6月第1版
印　　次：	2023年6月第1次印刷
出　　版：	吉林出版集团股份有限公司
发　　行：	吉林出版集团外语教育有限公司
地　　址：	长春市福祉大路5788号龙腾国际大厦B座7层
电　　话：	总编办：0431-81629929
印　　刷：	河北创联印刷有限公司

ISBN 978-7-5731-3616-9　　　　　　定价：56.00元

版权所有　侵权必究　　　　　　举报电话：0431-81629929

前　言

为推进健康中国建设，提高人民健康水平，中共中央、国务院于2016年10月25日印发并实施《"健康中国2030"规划纲要》，《纲要》指出"健康是促进人的全面发展的必然要求，是经济社会发展的基础条件，是民族昌盛和国家富强的重要标志，同时也是广大人民群众的共同追求。推进健康中国建设，要坚持预防为主，推行健康文明的生活方式，营造绿色安全的健康环境，减少疾病发生。各级党委和政府要增强责任感和紧迫感，把人民健康放在优先发展的战略地位，抓紧研究制定配套政策，坚持问题导向，抓紧补齐短板，不断为实现'两个一百年'奋斗目标、实现中华民族伟大复兴的中国梦打下坚实的健康基础。"

大学生作为国家培养的专门人才，其健康状况关系着今后能否为国家建设和社会发展起促进和推动作用。大学体育与健康教育是密不可分的完整教育过程，是大学教育中不可缺少的课程。其既是学校体育教育的终点，同时又是大学生实现终身体育的起点。依据《全国普通高等学校体育课程教学指导纲要》的基本要求，结合学校体育工作实际和地方特色，广泛参考吸收众多前人的研究成果与经验，本书应运而生。

本书旨在更好地帮助读者正确认识、学习健康中国背景下学校体育的使命与实践的各方面知识。本书内容科学实用，语言通俗易懂，共包含八个章节，论述了健康中国背景下学校体育的发展研究、学校体育的基本认识、学校体育教学发展的探索、学校体育教学意义的探寻、学校体育的现代使命、学校体育教学目标、体育运动与大学生心理健康、体育锻炼与营养等内容。

本书在写作和修改过程中，查阅和引用了书籍以及期刊等相关资料，在此谨向本书所引用资料的作者表示诚挚的感谢。由于笔者水平有限，书中难免出现纰漏，恳请读者同人和专家学者批评指正。

目 录

第一章 健康中国背景下学校体育的发展研究 ················· 1
第一节 传统学校体育的现状及存在问题 ····················· 1
第二节 健康中国背景下学校体育教学的改革展望策略研究 ········· 6
第三节 健康中国背景下体育教师角色转变 ··················· 11

第二章 学校体育的基本认识 ··························· 17
第一节 学校体育的概念 ····························· 17
第二节 学校体育的组成 ····························· 20
第三节 学校体育与人类 ····························· 25

第三章 学校体育教学发展的探索 ······················· 31
第一节 国外体育教学理论的发展 ························ 31
第二节 中国体育教学理论的发展 ························ 35
第三节 国外与中国体育教学理论的比较 ···················· 39

第四章 学校体育教学意义的探寻 ······················· 43
第一节 体育教学的生命蕴含 ··························· 43
第二节 体育教学与人格的塑造 ························· 47
第三节 体育教学的文化本质 ··························· 54
第四节 体育教学与人的发展 ··························· 59

第五章 学校体育的现代使命 ·························· 67
第一节 学校体育教学与创新教育 ························ 67
第二节 学校体育教学培养德才兼备人才的途径 ················ 72

第三节 现代社会发展对学校体育教学的期望和要求 ………………… 75

第四节 人文与科学融合的学校体育教学思想 ………………………… 78

第六章 学校体育教学目标 ……………………………………………… 83

第一节 体育教学目标的概念 ……………………………………………… 83

第二节 体育教学目标的特点 ……………………………………………… 85

第三节 体育教学目标的功能 ……………………………………………… 87

第四节 体育教学目标的分类 ……………………………………………… 89

第五节 体育教学目标与体育教学目的的协同 …………………………… 96

第七章 体育运动与大学生心理健康 …………………………………… 99

第一节 大学生心理发展特点 ……………………………………………… 99

第二节 大学生心理健康标准 ……………………………………………… 106

第三节 体育运动对大学生心理发展的影响 ……………………………… 116

第八章 体育锻炼与营养 ………………………………………………… 125

第一节 营养与健康 ………………………………………………………… 125

第二节 体育锻炼与合理营养 ……………………………………………… 131

第三节 健康膳食 …………………………………………………………… 135

参考文献 …………………………………………………………………… 141

第一章 健康中国背景下学校体育的发展研究

第一节 传统学校体育的现状及存在问题

高校体育是国民体育的基础之一，是全面发展教育不可或缺的组成部分，它对培养有理想、有道德、有文化、有纪律的社会主义建设人才，增强人民体质，建设社会主义精神文明有着直接或间接的效能，所以党和各级政府历来把它放在相当高的地位。

随着改革的不断深化，高校体育较之以往有了比较大的发展，但同时，我们还必须看到在我国市场经济发展的新的历史时期，社会发展对培养人才提出了更高的要求，学校教育的内涵和外延的不断扩大和丰富，大众体育的逐步普及和竞技体育飞速发展的社会背景下，作为高等学校教育工作的重要组成部分和培养学生全面发展主要渠道的高校体育，从某种角度上看，它的现状已不能满足现如今社会发展的需要。

了解高校体育的现实情况对高校体育以后的发展具有重要意义。卢元镇教授在《中国学校体育必须走出困境》中总结了我国学校体育面临学生体质状况下降、"每天锻炼一小时"不能得到落实、中小学体育课被挤占和体育课低质量、学校体育不能为国家培养竞技运动储备人才和学生运动竞技不能纳入国家比赛体制四个方面的困境。这些情况除了体育课被挤占的原因在高校体育方面没有涉及外，其他几个方面的困境也同样是高校体育面临的现实问题。但是现实中的高校体育不仅仅面对这几方面困境，还面对其他诸多影响高校体育良性运行方面的困境，比如有来自教育制度方面，也有来自体育理论和实践矛盾等方面的。具体来说有以下几方面：

一、大学体育功能的弱化

学校体育是促进青少年全面发展的重要内容，对青少年的思想品德、智力发育、审美素养的形成都有不能代替的重要作用，是进行爱国主义、集体主义教育，弘扬民族精神、传承民族文化的重要途径。[1]大学体育，是我国各个大学必不可少的一门基础课。体育课目的在于进一步增进学生的身心健康，努力提高学生的体育活动能力，使学生在校期间能精力充沛更好地进行学习，为将来建设祖国、保卫祖国打好良好的基础，真正变成德、智、体全面发展的人才和接班人。体育的功能可以总结为七个方面，即健身功能、娱乐功能、促进个体功能、社会感情功能、教育功能、政治功能、经济功能等。

当前我国高等学校体育课主要有三种主要形式：一是普通体育课。主要进行全面身体锻炼，这类课大多在大学一年级开设。二是专项体育课。为满足学生不同的爱好和个性发展，进一步提高某项体育运动技能，使之在全面发展的基础上有所特长，有利于培养终身体育。这类课一般在大学二年级开设。三是保健体育课。这是为体弱或患有某种慢性疾病的学生开设的，带有医疗性质的体育课。目的是通过适当的体育活动，改善学生的健康状况，使其早日恢复健康。课的内容和方法皆视学生的具体情况而定。

从大学体育实施的情况来看，大学体育功能并没有得到完全发挥，甚至有弱化的现象。其中，从大学生体质健康状况来看，体育总局发布的2010年全国学生体质和健康调研结果表明，大学生身体素质继续呈缓慢下降的趋势。增强大学生体质健

---

1 郑月汉.大学公共体育课育人功能的弱化与再生策略[J].高教论坛，2013（7）：20-22.

康是大学体育基本而又重要的功能,但是大学体育实施效果并不理想。到现在为止,我国已经进行了6次全国范围内的学生体质健康测试,结果显示现代疾病和青年人缺乏体育锻炼相关。我国中小学生及大学生的体质健康水平表现出明显的不协调,具体表现为形态发育水平提高,体能素质差,高身材、低素质等特点。另外,我国学生近视率一年比一年高,尤其是小学生、初中生近视率上升幅度明显;肺活量、爆发力、速度、耐力等素质水平呈持续下降趋势。

二、体育课程实际地位低下

体育课程的实际地位低下是相对于体育课程法律地位来说的。高校体育课程的主要组织形式为体育课堂教学,高校体育的法律地位也同样奠定了高校体育课堂教学的法律地位。但法律体系下的高校体育在具体实施中却出现了较大不同,高校体育课程在课程建设、资源配置、课程实施等方面和其他学科课程相比,投入明显不足,阻碍了体育课程教学的顺利进行,影响了体育教育质量。多年来,因为受传统体育教学思想的影响,很多人错误地认为体育教学就是要学习运动技能,通过跑跑跳跳、锻炼身体来增强学生体质,从而导致严重忽视了体育理论知识的学习和教学。

在中国现行教育考试制度下的教育体系里,高考选拔制度占有非常重要的地位。有时,一项重要的教育制度常常会改变学校教育的价值取向,但其取向是否符合个体发展规律、教育发展规律以及社会需要是衡量制度科学性的重要标准。在当前的中国教育选拔制度下,学校体育缺乏制度约束,高考导向性科目学习选择使学校体育被边缘化。

国家在体育教学方面安排了小学—初中—高中—大学十多年的体育课课时并制定了《学校体育工作条例》系列法规文件。中国高等学校普通体育课教学大纲和中小学相比,主要有以下特征:(1)教材内容按运动项目分类,强调"田径是各项运动的基础"，把田径作为重点教材。女生规定学习篮球和排球，男生在篮球、排球和足球中必须选择两项。（2）规定了男女分班上课，对病弱学生开设保健课或医疗体育课。（3）没有具体划分年级要求，各校自行编订教学进度。中国高等学校普通体育教学大纲规定体育课是一门基础课，并列为考试和考查科目。根据学生的运动成绩、学习态度和掌握体育知识、技能的情况，评定学生体育课的成绩。

许多高校在中共中央及教育部门政策的大力扶持下，组建学校的体育管理机构以及体育教师在职前和在职后的培训机构，并组织大量的专职研究者制定各种各样发展条件的标准，完善体育课程教学制度。但很多学生在毕业时就和体育告别，10多年的体育教学并没有使终身体育概念深入其心，也没有培养出体育锻炼的技能和良好习惯。有研究表明，当前大学生的身体素质普遍下降。

三、高校体育教材和教学内容陈旧

我国高校体育教材大多针对传授体育竞技技能编写，教学内容千篇一律、很久不变，没有体现出当今社会发展对体育教学培养真正需求的内容，和时代不相符，实用性比较差。体育课的内容、教学配置形式和考核方式的设计，以及课外体育活动内容安排和实施办法，当前有相当一部分院校基本上还是在使用五六十年代的运作模式，在培养目标上力求统一性，教学内容安排上强调系统性，考核标准注重竞技性，教学形式体现规范性，学生练习要求纪律性，所以这样的模式显得呆板、机械，以至于对高校体育的主体——学生的体育意识和能力在客观上造成障碍，使教师的主导作用和潜力难以发挥和发挥。体育教材的编排多数以运动项目的单项教学和训练为主，背离了现代体育教学的培养目标，一定程度上忽视了多数学生的真实需求。

很久以来，我国高校体育一直沿用竞技运动教材体系，采用培养运动员的教学训练模式来给大学生上体育课，因为过分注重技术动作的规范，对完成动作的质量标准有些高，被挺大一部分同学视为"负担"，从而使他们对体育运动失去兴趣，这和高校体育教学的目标相"脱离"。无论是运动训练还是体育教学，如果采用同一种运动技能教学模式，实施一个教学质量标准，就会忽视不同教学对象对体育运动需要的个性。普通学校体育教学中不分情况地套搬竞技运动教学模式，定会导致偏离教学基本目标，进而使高校体育陷入形而上学的沼泽。

此外，体育教材的编排多数以运动项目的单项教学和训练为主，背离了现代体育教学的培养目标，一定程度上忽略了大部分学生的参与需求。最后，教材的编写没有考虑对学生特点、个性和兴趣的培养，不利于学生依据教材知识形成一套适合自己的锻炼方法和锻炼习惯。

第二节 健康中国背景下学校体育教学的改革展望策略研究

一、体育教学改革的主要内容

学校体育教学所包含的内容较为广泛,而学校体育教学改革的主要对象就是体育教学内部的各个组成部分。因此可以说,学校体育教学的构成部分就是改革的内容。具体来说,这些内容主要包括以下几个方面。

1.体育教学思想

体育教学思想,是指体育教学指导思想、教学原理以及与相关事物的矛盾关系等。体育教学思想能够解决学校体育教学改革中根本性、方向性的问题,对学校体育教学具有指导性作用。

因此,可以说正确的体育教学思想是培养未来能够适应自身和社会需要的、各种各样的体育人才的基础。

2.体育教学课程

在新时期,学校体育教学课程改革作为我国学校体育教学需要解决的核心问题,必须要与素质教育的要求相适应,并积极建立新的课程体系内容,在开展必修课的基础上,开办一些选修课,必修课与选修课、理论课与实践课的比例要合理。

3.体育教学内容

学校体育教学内容以学校体育教育的目标、任务及学生的实际情况为主要依据,对体育教材内容安排和选择进行分析和研究,并着重解决好学校体育课程教材内容针对性、实效性和科学性等方面的问题。教学内容是学校体育教学改革的重要方面之一。

4. 体育教学方法

目前我国学校体育教学的方法仍然以传统教学为主，大部分教师依然采用"讲解示范—学生练习—纠正错误—学生再练习"的单一教学方法。这种教学方法的运用，不仅对于学生体育学习主动性和积极性的培养是不利的，而且对于教学效果的良好发挥也非常不利。因此，体育教师应该积极探索适合学生发展的教学方法，从而使教学方法能够适应现代社会和学校学生身心发展的需求。

5. 体育教学管理

体育教学管理工作是我国学校体育教学改革的重要内容，它包括的内容有很多，其中，最主要的是体育教与学辩证关系的研究、合理的课堂教学和课的结构研究、教师的主导与学生的主体作用之间的协调等问题的研究。这样，能够使学校体育教学与教学发展的基本规律相适应。同时还应对学校体育教学的一些常规制度进行积极地研究，积极解决建立日常的体育教学秩序的管理等问题，使得学校体育教学走向合理和规范化的道路。

二、体育教学改革的现状研究

近年来，为了顺应形势的发展，我国教育部门开展了积极的教育改革论证工作，有些已经进入实践阶段。体育教育改革作为其中较早开始施行的一项，自然就扮演了这场教育改革的先锋者角色。在改革的影响下，各级学校都开始了积极探索和尝试，体育教育也步入了新的改革阶段。但是随着改革的进行，在过程中也发现了不少问题，这些问题普遍存在于学校体育教学改革的进程中，并制约着改革的进行。与此同时，改革的目的也是为了解决这些问题。现阶段我国学校体育教学改革的现状主要体现在以下几个方面。

1. 落后的体育教育观念

在我国，学校体育教育是培养学生掌握必要体育知识和技能的教学行为，它不仅要使学生学习到上述内容，更重要的是让学生通过对这些内容的学习在日后能够运用在必要之处，如掌握良好的健身方法等。但现状是，我国学校体育教育的观念仍然比较落后，基本还停留在传统的对体育技能的教与学上。这点从学校年末的量化体育考试标准中就能看出。教学仅是按照大纲和教材的要求进行，对于关于学校体育教学的延伸内容则几乎没有涉及，更没有将"终身体育"的教育理念等意识落实到实处，这对我国体育事业的发展和学生个人都产生了不利的影响。

同时，"以教师为中心"的教学模式，导致学生一直处于被动的学习状态。在体育知识的传授过程中，常常是通过教师的讲解和示范，"基础知识、基本技术、基本技能"三基的教学仍旧是学生学习和掌握的重点，这种模式在很大程度上忽视了对学生思维能力的培养。

2. 体育教材指向不明

研究发现，我国体育教育尤其是高校体育教育并没有完全统一的教材。各地区学校使用的教材多为自行决定，有些学校甚至编写出版自己学校的体育教材供学生使用。通过阅览部分学校的体育教材后发现，尽管这些体育教材有许多不同，但其中也有一些相同的地方，如体育教材的内容过分强调以传授体育技能为教学的中心，过于注重教材的外在形式，有些甚至不切实际地将过于竞技化的内容作为体育教材，这大大偏离教材对广大学生适用度要求的原则。如此就会使得体育教材本身的指向性不明确，很多项目的教材内容缺乏新颖性，这些情况均不利于学生对于体育课程的学习热情的培养。

3. 单一的教学内容与方法

在我国，多年的教学活动逐渐形成了一套教学行为规律，这个规律一直秉承着"讲解、示范、练习、预防与纠正错误、巩固与提高"的教学模式和方法。在很长一段时间内，这种模式确实被证明是最为有效的教育流程。但是随着社会的发展以及新型教育思维的涌入，这种延续多年的教育流程显然已经跟不上时代变迁的需要了。如果仍旧不寻求变革，继续沿用的话，势必使学生始终处于被动的学习状态，不利于学生体育学习积极性的提高、个性的良好发展以及创造性的主观能动性的发挥，从而阻碍了体育教学整体效果和水平的提高。

4. 师资力量有待提高

体育教师是学校体育教学运动主体之一，是体育知识和体育技能的传授者。因此，在学校体育教育的各个环节中，体育教师的作用都是非常重要的。可以说，体育师资力量的水平和能力直接影响着学校体育教学的质量。因此，良好的师资一直是我国学校体育教学发展的重要力量，其为推动我国体育教育事业的发展有着不可估量的贡献。

调查发现，当前我国大多数学校的体育师资方面却存在着很多问题和不足之处。例如，体育教师的专业知识水平有下滑的趋势，并且在课堂教学中的控制方面也体现出了些许能力不足的迹象。现代学校体育教师普遍更关注体育理论知识的教学，而忽视了教学中多层复合结构的运用。

5. 混乱无序的教学管理

在学校体育教学管理中，其混乱无序主要表现在以下几方面。

第一，体育管理理念未能与学校体育教学改革同步发展，跟不上时代发展的需求，造成的体育组织建设与管理不足，严重影响了体育教学工作的顺利进展。

第二，在体育价值观念上认识的欠缺，不利于提升学校体育教学的地位。

第三，在体育评价内容上，很多体育教师比较执着于技能教学，在评价方式上不注重学生的自评与互评作用。

此外，在学校体育教学中，场地设施的缺乏，使体育教学已经跟不上教学改革发展的步伐，从而严重阻碍了学校体育教学质量和水平的提高。

第三节 健康中国背景下体育教师角色转变

在健康中国背景下,师生之间的关系将发生变化,并对体育教师提出了更新、更高的要求。体育课程改革的核心环节是课程的实施,体育教师是体育课程的主要实施者,因此,体育教师决定着体育课程改革的成败。要在体育课程改革中,真正落实全新的体育课程改革的基本理念,实现体育课程的目标,使体育课程在促进学生健康发展方面发挥更大作用,首先要求体育教师树立正确的教育观念,转变教师角色,建立新型的师生关系。

一、体育课程中的教师角色

(一)体育课程对教师角色的影响

"角色"原意为"面具",指演员在戏剧中扮演的具有一定性格的人物。后来人们用"角色"一词来表征社会中具有某种行为规范和行为模式的人及由此带来的特定的身份和功能。教师活动的目的是帮助学生对新的信息重组改造,生成新的意义。教师的角色表现为通过相互矛盾的事物引起学生认知的不平衡,引导学生进行解决问题的活动,监测他们发现后的反思。教师应引发学生的思考,参与学生开放式的探究,引导学生学会学习。课程理论的更新,促使了课程环境的变化,课程环境的变化是构成新课程中教师角色变化的一个重要条件。要有效地实施课程改革,教师需要在新课程环境下塑造自己的新角色。新课程环境是:教师与学生的活动是以学生为中心;学生发展的关注范围是多方面的;学生的学习方式是合作学习;学生的学习状态是探究式学习;学生的学习反应是有计划的行动;学习活动的内容是基于选择、决策的学习;教学的背景选择仿真的、现实生活中的背景；教学的媒体是多媒体。

（二）体育课程中教师角色的特征

1. 体育教师是课程的构建者

体育教师要指导学生实现课程标准规定的教学目标，就需要从以往的被动执行者的角色向构建者的角色转变，这有助于体育教师根据学校和学生的实际情况选择教学内容，安排教学组织形式，采用适宜的教学方法和评价方法；有助于体育教师发挥积极性和创造性，使体育课程与教学更具有特色；更有助于学生进行有效的学习和取得进步。

2. 体育教师是学习过程的指导者与促进者

现代教育理论研究表明，学生的学习过程由外部刺激的被动接受者和知识的灌输对象转变为信息加工的主体，知识意义的主动建构者。[1]教材所提供的知识不再只是教师传授的内容，媒体也不再只是帮助教师传授知识的手段，而是用来创设情境，进行相互沟通和会话交流，即作为学生主动学习、协作式探索的认识工具。体育教师要真正贯彻和落实新体育课程的基本理念，进行有效的体育教学，使学生从体育教学中获得更多的益处，应该由运动知识和技能的传授者、灌输者转变为学生主动建构运动知识和技能的指导者、帮助者和促进者。指导学生主动掌握运动知识和技能，学会学习，发展各种能力；充分利用情境、协作、会话等学习要素发挥学生的主动性、积极性和创新精神，最终使学生有效地实现对所学运动知识和技能的意义建构的目的。

3. 体育教师是学习活动的设计者与组织者

新课程需要教师成为体育学习活动的设计者、组织者，使学生的体育学习

---

[1] 赵西英.基于体质健康促进理念的体育校本课程开发研究[J].南京体育学院学报，2020（3）：54-59.

不再是由外到内的单向的运动知识和技能转移和传递的过程；教师应组织和创设促进学生学习的情景，让他们利用原有知识经验，并通过新经验与原有体育经验的相互作用，挖掘自身潜能，掌握更多的运动知识和技能。

新体育课程要求体现全面发展的均衡性，体育课堂教学程序不但要以生理学和医学理论为依据，而且要关注心理学理论的研究，要重视学生的心理感受和情感体验。只有这样，才能激发学生的体育学习兴趣，提高学生学习的积极性，促进学生身心同步和谐的发展。因此，新体育课程要打破传统的课堂教学程序，鼓励教师发挥自己的潜能，设计出有利于吸引学生积极参与体育学习和活动，提高课堂教学效果的课堂教学程序。未来无固定的课堂教学模式，教学程序应该是百花齐放、丰富多彩的。因此，体育教师要转变观念，多从学生的角度出发，根据不同的教学内容、教学情境等设计出有利于学生进行有效学习的课堂教学方案。

4. 体育教师是课程内容资源的开发者

新颁布的《课标》以目标统领教学内容，没有对全国的学校规定统一的教学内容，并说明竞技运动目标内容只是课程内容之一，而不是唯一的课程内容，这就为体育教师根据学校和学生的实际情况利用和开发新的、能激发学生体育学习兴趣，促进学生身心健康发展的课程内容提供了广阔的空间和余地。因此，体育教师应从竞技运动课程内容体系的追随者向课程内容资源的开发者的角色转变。在新体育课程中，教师应在保留或改造一些传统的竞技运动项目内容的基础上，挖掘民族民间传统体育项目，引入新兴运动项目，以丰富体育课程的教学内容，使体育课程内容从竞技运动课程内容体系走向有利于学生身心健康的课程内容体系，吸引学生积极参与体育学习和活动，促进学生获得更多的体育与健康的知识和技能。

5. 体育教师是体育教育实践问题的研究者

新体育课程要求学生在学习中尽可能地表现出自主性、能动性和创造性。自主性是指在一定条件下，个人对于自己的活动具有支配和控制的权利和能力。能动性是指主体能自觉、积极、主动地认识客体和改造客体，而不是被动地、消极地进行认识和实践。创造性是指以探索与求新为特征。这预示着体育课教学的重点从过于强调学生的接受式学习和机械训练，改变为将引导学生体验和探索，自主学习、合作学习、探究式学习作为学生体育学习的主要方法。如果体育教师在实际工作中还是依靠传统的教育教学理论和自身的经验，就难以改变学生的学习方式，难以适应体育课程改革与发展的需要。为此，要求体育教师必须加强学习，开展教学科研活动。由于《课标》给体育教师留有很大的自主空间，新体育课程将无统一的课程内容，无固定的教学方式和评价方法，这就需要体育教师从"教书匠"变为体育教育的研究者，积极开展教学实践问题的研究活动，探索出适合本校和学生实际情况的新的教学途径，以促进教师有效地教和学生有效地学习。

二、体育课程中的师生关系

师生关系是教学过程中最重要、最基本的关系，也是最经常、最活跃的人际关系，直接影响着体育课程的实施。新课程改革提倡的师生关系是一种交往，认为教学是教师的教与学生的学的统一，这种统一的实质就是交往，如果没有交往，就不存在真正意义上的教学。在这一理念的指导下，新体育课程要求体育教学通过交往，建立人道的、和谐的、民主的、平等的师生关系。这种新型的师生关系具备以下基本特征：

（一）师生是民主与平等的关系

《课标》提出的体育与健康课程改革的四个基本理念，都基于以学生发展为本的教育观。新体育课程强调建立民主与平等的师生关系，体育教师要把学生作为教学的主体，要以平等的态度对待每一名学生，发扬教学民主，努力营造良好的教学氛围；要让学生参与全部的体育教学过程，积极发表自己的见解。这样才能调动学生学习的积极性、主动性和创造性。

（二）师生是尊重与信任的关系

尊重和信任是人的一种高级心理需要。作为教师，首先要尊重学生的人格，要把学生作为一个独立完整的社会的人来看待。只有尊重学生，学生才会尊重教师，才会积极配合教师搞好教学工作，从而提高教与学的效果。

新体育课程强调以学生发展为本，尊重和信任学生是实现这一教育理念的重要基础。由于新体育课程强调学生的自主学习、探究学习和合作学习以及重视教师评价与学生自评、互评相结合等等，这就必须要给学生提供充足的学习和活动时间，必须真正尊重和信任学生。否则，新的教学和评价理念就无法得到实现。新体育课程不光考虑教师怎么教，更突出学生怎么学。因此，要信任每名学生，相信每名学生都有自己的优点和长处，并根据每名学生的优点和长处，尽量创造有利的条件和环境，使学生根据自己的能力和学习方式进行学习，以调动学生参与体育学习和活动的积极性。

从评价体系看，新体育课程要求过程性与终结性评价相结合，教师评价与学生自评、互评相结合。教师应信任学生，否则就不可能放手让学生参与评价的过程中来，进而学生学会学习和评价的目标将难以实现。

（三）师生是理解与合作的关系

师生关系直接影响教学过程的运转，教学效果的质量。如果在实施教学过程中教与学的目标一致，双方就能形成合力，就容易完成既定的教与学的目标；反之则相互牵制，形成分力，就会给完成既定的教与学的目标设置障碍。传统体育课程中的师生关系是一种主动传授与被动接受的关系，体育教师处于绝对权威的地位，体育教师与学生处于相互对立的状态，这不利于教与学的目标的实现。新体育课程要求构建融洽、和谐的学习氛围，倡导建立一种合作的师生关系。而师生之间建立良好的合作关系的前提是教师要在深入了解和掌握学生身心特点和个性差异的基础上善于理解学生，包括学生的年龄特点、体能和运动技能基础、兴趣爱好、思维方式、认知水平和行为习惯等。在此基础上，师生之间才能建立一种良好的合作关系。

教师既要参与到学生的体育学习和活动中，也要让学生参与整个的教学过程，使学生时刻感受到教师在同他们一起学习和活动。只有这样，师生之间的理解和合作才会成为可能。

第二章 学校体育的基本认识

第一节 学校体育的概念

体育是伴随着人类社会的发展而逐步建立起来的一个专门的科学领域。体育的概念存在着广义和狭义之分。

体育的广义概念是指以身体练习为基本手段，以增强人的体质、促进人的全面发展、丰富社会文化生活和促进精神文明为目的的一种有意识、有组织的社会活动。体育是社会总文化的一部分，它的发展受到一定社会政治和经济制约，并为一定的社会政治和经济服务。

体育的狭义概念是指一个发展身体，增强体质，传授锻炼身体的知识、技能，培养道德和意志品质的教育过程，是对身体进行培养和塑造的过程，是教育的重要组成部分，是培养全面发展人才的一个重要方面。

体育的发展拥有悠久的历史，经历了一个漫长曲折的过程，而且远远没有结束。伴随着人类文明的进步和社会的发展，体育本身也在不断地完善和发展。人类为了追求更加美好、舒适的生活，对体育有着不同一般的期望，期待它能带给自己健康、力量、和谐与美，是现代人的美好追求，同时也是当代大学生的共同心声。下面就体育发展的历史为基础，以体育概念的演进为线索来认识体育。

在古代的文献著作中我们可以了解到，古代的希腊和欧洲描述到当时的体育活动用竞技、运动、训练、体操等词,中国古代描述当时的体育用养生、引导、习武、尚武、懒惰等词,这是古代描述体育相类似的词汇。到了近代,随着欧洲的工业革命和教育的发展,掀起了户外运动的热情,一些学者开始提出身体活动中的术语,编制身体练习方法,进一步使用"体操"概念,形成基本的"体操"练习体系。

"体育"作为直接的概念,是随着教育而发展的,提倡"三育"(道德、知识、体力)并重,"体育"一词在学校教育中得以广泛使用并传播开去,并逐渐取代了其他相近意义上的词语。

随着社会的发展,特别是现代社会体育现象的发展,"体育"一词有着丰富的内涵,依据人和社会的需要,组建了非常丰富的体育组词组,形成了庞大的体育概念体系。概念是反映物质本质属性的思维形式,也就是说概念必须反映事务的本质属性,而本质属性是必须具备的,可作为该事物标志的属性。人们往往通过定义来提示概念内容,反映对象的本质属性,因此我们来认识体育的几个基本概念。

在《现代汉语词典》中,对"体育"一词是这样解释的:①以发展体力、增强体质为主要任务的教育,通过参加各种各样的运动来实现,在活动的过程中以锻炼人的身体为目的。②指体育运动,锻炼身体增强体质的各种活动,包括田径、体操、球类、游泳、武术、登山、射击、滑冰、滑雪、举重、摔跤、击剑和自行车等各种项目。"体育"一词虽有两种不同的解释,但由于《现代汉语词典》对"体育"这一词条多年没有修订,所以其解释并不适用于今天。事实上,随着现代社会的发展,目前体育的主要任务早已超出了仅仅是发展身体、增强体质的范畴。目前,体育的主要任务是促进身心健康全面的发展,培养终身体育能力。目前,包含身体锻炼、游戏、竞争要素的各种身体运动都是体育。总之,体育是对包含身体锻炼、游戏、竞争要素的身体运动的总称。现代学校的体育教学，期望不断提高大学生对它的认识，使之能够达到"主动参与"，并尽情享受体育带来的无穷乐趣。

第二节 学校体育的组成

现代社会体育在不断地完善和发展,体育产生之初就含有丰富的内容,它的发展并不孤立,是伴随人类本身和社会的需要而发展的。生产力和科学技术的发展和运用,又为体育的发展提供了良好的条件,使体育从发展之初到现在形成了为大家所重视的现代体育,所以它被人们公认为文明的窗口,科学和进步的标志。

体育由学校体育、竞技体育和群众体育三部分组成。

一、学校体育

学校体育是学校教育的重要组成部分,同时也是全民体育的基础。它作为教育和体育的交汇点和结合部,又是国家体育事业发展的战略重点。它是按照学校的育人规律,围绕增强体质这个中心,在教师的指导下,有组织、有计划地传授体育知识、技术和方法,使学生的身体素质和运动水平得到全面的提高,并与德、智、美相结合,培养学生的道德和意志品质,令学生成长为德、智、体全面发展的高素质专业人才,更好地适应现代社会。

中国的学校体育发展可以追溯到奴隶社会的西周时期,当时的教学内容中的"六艺"指的是礼、乐、射、御、书、数,其中进行军事技能和身体训练的"射""御"以及包含娱乐、舞蹈等内容的"礼""乐"等都是我国学校体育最早的雏形。欧美在清朝末年的时候把现代体育带到我国,中华人民共和国成立后,随着社会主义建设事业的发展,学校体育出现了焕然一新的局面。伴随着改革开放,学校体育在快速发展,同时国家对学校体育也特别重视,1949—

1975年，教育部设立了体育指导处，国家体委设立了群众体育司，让学校体育的发展有了后盾保障，这个阶段学校体育的教育思想、理论、教学内容和方法以及课程的结构都是效仿苏联的。如1945年5月4日指定颁布的《准备劳动与保卫祖国体育制度》（简称"劳卫制"），就是学习苏联的《劳卫制》所指定的。1958—1976年，我国经历了"大跃进"和"三年经济困难以及"文化大革命"，正常的教学秩序被打乱，劳动代替教育，军训代替体育之风盛行，学校体育出现了停滞或倒退。改革开放后1978—1991年，颁布了学校体育工作的指导性、纲领性文件《学校体育工作暂行规定》，重新修订了《估计体育锻炼标准》，这些政策和措施都极大地促进了学校体育的发展，为后期的学校体育改革奠定了思想、理论、经验基础。

二、竞技体育

竞技体育亦称竞技运动，是指在全面发展身体素质的基础上，同时挖掘体力、智力、运动才能，以取得优异成绩为目标而进行的科学训练和竞赛活动，其特点是技能性高，竞争性强，有严格的规则和场地要求，是人的智能、运动才能的极限表现形式。由于竞技体育极易吸引广大观众，极富感染力又容易传播，在活跃社会文化生活、振奋民族精神、提升国际声望、促进各国人民之间的友谊、团结和交流等方面都有着积极的作用。[1]竞技体育包括运动训练和运动竞赛两种形式。其特点是：积极的对抗性和竞赛性；充分调动和发挥运动员的体力、智力、心理等方面的潜力；参加者拥有充沛的体力和高超的技能；按照同一竞赛程序，规则具有国际性、权威性，成绩也具有公认性。

---

[1] 陈玉坤.竞技体育[J].江苏年鉴，2020（1）：509-511.

三、群众体育

群众体育亦称大众体育或社会体育，群众体育是以健身、娱乐、休闲、医疗和保健康复为目的的体育活动。由于它吸引的对象主要为一般群众，其中包括男女老幼，活动领域遍及整个社会乃至家庭，所以被称为活动内容最广、趣味性强、参加人数最多的一项群众体育活动。它作为学校体育的延伸，也可使人们的体育生涯得以延伸。

群众体育开展的广泛性和社会化程度，在一定程度上取决于国家的经济繁荣，生活水平的提高，闲暇时间的增多和社会环境的安定。从发展趋势来看，群众体育规模不亚于竞技体育，极可能成为第二大国际体育力量的趋向。随着"全民健身计划纲要"的推行和落实，我国的群众体育正在蓬勃兴起和发展。当前由于国民的体育意识慢慢提高，自身体育锻炼的人数也逐步增多，与此同时，国家机构、企业、学校以及社会组织的不同规模的群众性体育活动十分活跃，从而带动了更多的人参加体育运动。目前，各种"康复中心"和"健身俱乐部"的兴起，也正在吸引着大批体育消费者在"花钱买健康"观念的驱动下参加到健身体育活动当中，这一切都表明群众体育活动有着广泛的群众基础和发展潜力。

四、学校体育、竞技体育、群众体育之间的联系与区别

学校体育、竞技体育、群众体育之间既互相联系又互相独立。每部分都有其独特的结构、功能、运行机制、运行规律和管理体制，同时也存在互相影响、制约的内在联系。

1. 竞技体育、学校体育、群众体育促进群众体育的发展

竞技体育一方面通过吸纳群众体育中出现的竞技体育人才，从而推动群众

体育的发展，同时以它特有的魅力对群众体育起激励、促进和示范作用，帮助人们完成由体育观赏者到体育参与者的转换，现实中有许多体育锻炼者都是竞技体育观赏者，都有从观赏者向参与者转换的经历。

学校体育为群众体育提供坚实的基础，其影响作用更直接明显。学校体育质量的好坏直接影响体育人口的数量与质量。良好的学校体育教学，使学生在校期间建立了正确的体育观念，形成了终身体育意识、兴趣、习惯与能力，进入社会后就能主动积极融入群众体育，成为稳定的体育人口，有利于群众体育的发展。

2. 群众体育对竞技体育与学校体育起积极影响

（1）群众体育对竞技体育的作用。良好的群众体育可以给竞技体育的发展创造良好的社会文化环境，为数众多的体育爱好者和支持者对于比赛的观赏，热烈的掌声和助威呐喊，都给运动员强烈的感染与震撼，激励鞭策他们刻苦训练、顽强拼搏、勇攀体育竞技高峰，促进竞技体育向更高的方向发展，离开广大体育爱好者的支持与关心，竞技体育也将失去发展的动力。

群众体育又是挖掘优秀竞技体育人才的源泉，群众体育开展得好，能够发现更优秀的体育人才，避免人才浪费。

（2）群众体育对学校体育的影响。群众体育包括社区体育、家庭体育、丰富多彩的社区体育活动。良好的家庭体育氛围，对青少年体育意识、兴趣、爱好的培养有着潜移默化的影响。群众体育发展得好，能为孩子们提供体育活动的时间、空间与条件，从而促进学校体育的发展。因此，群众体育是学校发展依赖的必要环境。

群众体育不仅为学校体育发展提供必要环境条件，同时也为学校体育改革提供指导。传统体育是一种封闭式体育教育，只注重技术传授和体质增强，不能与群众体育沟通、联系，导致学生毕业后不再参与体育活动，而群众体育发展要求是人人参与体育，并提倡终身参与，有利于形成一种新的体育生活方式。因此，群众体育的发展必然对学校体育提出更高的要求。群众体育的发展既为学校体育发展提供了良好的外部环境与发展契机，也对学校体育寄予厚望，学校体育要实现与社会体育的接轨，必须加大改革力度。

第三节　学校体育与人类

　　就其本质属性来说，体育有它自身的功能。它的功能与社会的政治、经济、教育相结合，产生更大的社会功能，为社会所用，为社会谋利益、做贡献。随着科学的发展，各相关学科对体育的渗透及其在体育领域中的运用，使体育不仅在改造人类自身质量方面的功能日趋科学化，而且与政治、经济、文化、教育、军事等方面的关系日益密切。社会的发展，人类的需求，体育交往的频繁，使体育的社会功能发挥出更为巨大的作用。

　　体育的本质是促进人的身体向健壮的方向变化，因此，体育的功能主要表现在健身、医疗保健、娱乐等几个方面。体育的社会功能可以归纳成五个方面，即教育功能、社会感情功能、竞争意识功能、政治功能、经济功能。

一、健身功能

　　体育是通过身体运动的方式进行的，这是体育最本质的特点，决定了体育具有健身功能。人体机能适应变化的原理、遗传与变异的关系，从不同的角度科学论证了体育对强身健体、增强体质、增进健康、延年益寿的特殊功效。"生命在于运动"是一条已被证明的法则。

二、医疗保健功能

　　我国古代有不少关于锻炼理论的论述。如《吕氏春秋》中提出"流水不腐，户枢不蠹，动也。形气亦然，形不动则精不流，精不流则气郁"；东汉末年的华佗也提出了"动摇则谷气得消，血脉流通，病不得生，譬犹户枢不朽是也"，他总结继承了当时"导引"方面的经验，以虎、鹿、熊、猿、鸟五种禽兽的动作创编了一套保健体操"五禽戏"用来防病治病。宋代的健身操"八段锦"，明清时代的"太极拳"以及后来的"保健功""大雁功"等都是在对体育的医疗保健功能有了深刻认识的基础上发展起来的。随着科学技术和经济的发展，人类的体力劳动减少，而脑力劳动相应增加。现代化生活的膳食结构中肉类食品脂肪增多，对人的身体健康带来了严重的威胁。由于运动不足和其他原因而造成的"神经衰弱""肥胖症""高血压""心脏病"等现代文明病的发病率显著上升，这使人们深感忧虑，于是纷纷进行跑步、步行、舞蹈、武术等体育活动来锻炼身体，提高健康水平，在现代社会中体育的医疗保健功能已日趋突出和重要。

三、娱乐功能

体育运动娱乐功能的客观依据是为了满足人们的精神需要。马克思关于人的需要的理论，就把人的需要分成生存需要、享受需要和发展需要三个方面。体育以它特有的娱乐性，吸引着越来越多的人，使它成为人们一个必不可少且饶有兴趣的活动。现代体育，特别是竞技运动，其技艺日益向难、新、尖、高的方向发展，使健、力、美高度地统一起来，产生一种使人赏心悦目的体育运动之美。人们在紧张的工作和劳动之余，通过观看体育比赛，可以松懈神经、调节心理，这不仅有助于疲劳的恢复，而且可以减少精神上的压力，是一种享受。现代奥运会的创始人顾拜旦在他的《体育颂》中，满腔热情地歌颂了体育的娱乐功能："啊，体育，你就是乐趣！想起你，内心充满欢喜，血液循环加速，思想更加开阔，条理更加清晰。可以使忧伤的人散心解闷，也可使快乐的人生活得更加甜蜜！"的确，体育是一种最积极、最健康的娱乐方式，它能满足男女老幼的精神需要。

四、教育功能

体育是社会文化教育的内容。体育的教育功能主要表现在它已被世界各国纳入教育体系之中。古今中外的学者都认为，各种身体活动的游戏是教育的重要内容，可以促进孩子的生长和发育，增长知识、陶冶情操、培养优良品德。青少年正处于长身体、长知识的阶段，也是人生观、世界观形成的关键时期，体育独具一格的教育功能，可以教导他们掌握科学锻炼身体的知识与方法，促进身心全面发展，培养他们的道德和意识品质、行为道德准则与规范以及爱国、爱集体的优良品质。

五、社会感情功能

体育的社会功能与人的社会心理稳定性密切相关。所谓心理稳定性，是指人的心理与社会的一致。在一般情况下，由于传统教育、宣传、习惯等各方面的社会影响，人们总会产生和形成与社会一致的心理，体现为个体的需要与社会的需要基本一致，以这些需要为原动力，可以使人们努力工作，遵守社会原则，为社会做出贡献。但是，有时因种种原因不可避免的会导致某些人心理的失调，而产生一种变态的心理。由于体育有竞赛性，竞争有对抗性，对抗的结果有不确定性，因此，它能引起社会的广泛关注和吸引人们的兴趣，引起人们感情的共鸣，从而使人的某些心理不平衡状态得到调整。体育运动既是一种物质力量，又是一种精神力量，它能促进民族的团结，振奋民族精神，增强爱国精神，在促进社会主义两个文明建设方面有着重大作用。

六、竞争意识功能

竞技体育的一个突出的特点是激烈的竞争,这种竞争登上世界性的舞台上,就具有广泛的国际性。国际性的比赛,关系着一个国家的荣辱和民族形象,在人们的思想感情上会产生强烈的反响。人类的生活如同竞技场上的比赛,从自然环境到人与人的竞争,无一不是在竞争中不断完美和超越自我。无论是欣赏还是参赛,运动场无疑是为人们在生活中即将发生的竞争提供的预演场所。许多哲学家早就把运动场当作社会的一个缩影,运动场本身就是一个特殊的社会环境。

七、政治功能

体育作为上层建筑的一部分,与政治关系密切,被政治指导,为政治服务,主要表现在以下几点:

1. 振奋民族精神,为祖国争取荣辱

体育运动竞赛的胜负直接关系着国家的荣辱,因此,重大的国际比赛往往举世瞩目,各国人民都像关注自己国家的前途和命运那样关注着比赛的胜负,从而使比赛带有政治意义,富有民族色彩。

2. 发展国际交往,增进各国人民之间的友谊

通过国际体育交往,可以加深各民族之间的了解,加强国际合作和文化交流,增进各国的团结。比赛把不同政治观点、不同肤色人种、不同民族的人民聚集在一起,通过比赛去发展国际友好关系。所以,运动员被誉为"穿运动衣的外交家",由此可见,体育在沟通国际关系、打开外交通道方面具有积极的作用。

3. 体育可作为外交斗争的一种政治手段

古代奥林匹克运动会的精神是和平与友谊，所以在奥运会期间停止战争。在现代国际体育比赛中，体育经常被用来作为反对或抵制某一国家、某一项活动的政治手段。

4. 体育有加强民族和睦、人们团结的政治功能

体育运动具有群众性的特点，它能增加群众聚会的机会，使人们在这些活动中加强人际交往，促进人民之间、家庭邻里之间、集体之间、民族之间的了解，共叙情谊，加强团结，同心协力共建国家，全国性的运动会是各族人民大聚会大团结的象征。在一个多民族的社会主义国家中，各民族一律平等，在全国运动会上，各省市自治区都派出自己的代表团来参加，各民族运动员欢聚一堂观赏自己代表的各种表演，接受这民族大团结的生动教育。

八、经济功能

现代生产结构的改变，也引起人们生活结构的改变，人们的物质生活富足了，闲暇时间增加了，对文化生活的追求也就强烈了。因此，体育活动成为人们生活内容的一部分，成为强身健体、丰富文化生活的一种手段。除了传统运动项目外，旅游体育、娱乐体育蓬勃兴起，更多的体育项目应运而生，竞赛活动日益频繁，促使体育在人们消费结构中占有一定的位置，使体育适用于价值规律，获取经济收入、开拓经济功能成为可能。第三产业的兴起，使体育也可开辟服务项目、开展技术辅导，组织生产体育器材、运动服装，举办旅游体育、娱乐体育，并与饮食、交通、旅游等业务结合起来，开展综合经营、综合性服务，获取经济利益。

例如，比赛具有聚集亿万观众的吸引力，利用这个特点，可以广开渠道，

如收取电视转播费、商业广告宣传费、商品出售专利费、发行纪念品……获取巨额经济收入。奥运会组织者利用这个特点，不仅成功地举办了耗资数亿元的奥运会，而且有盈余。这是奥运会史上一个创举，开创了民办世界奥运会的先例，为开创体育的竞技功能做出了榜样，被各界所称颂。

随着人类社会文明程度的提高，也诱发了现代文明病。同时，工业化程度进一步提高导致环境污染加剧。这些由于社会发展所带来的不良结果，已在某种程度上对人类的健康与正常的生活构成潜在危害。为此，时代赋予体育教育以新的历史使命，并产生许多新的要求，客观上要求我们必须突破传统体育教育价值观，从更加丰富的层面看待体育教育与人的发展以及社会发展之间的关系，理应把"促进学生身体健康"的传统体育价值观同"学会生存的必要知识和技能"这一新的教育价值观有机地结合起来，建立一种符合新时代要求和现代社会发展形势的全新体育教育价值观。

体育教育和学校教育应该相互配合，致力于解决人类更好地生存这一诉求，使体育更好地为满足人类生存的多重需要和改善人类生存状态服务。

第三章 学校体育教学发展的探索

第一节 国外体育教学理论的发展

  近代是国外教学理论的形成时期。从十四世纪开始到十七世纪初期的文艺复兴时期，资产阶级革命和工业革命的发生，是这一时期教学理论发展的社会背景。十七世纪欧洲从封建社会向资本主义社会过渡过程中，捷克著名教育家夸美纽斯出版了教学论史上划时代的著作《大教学论》，它是近代西方第一部独立的教学理论著作。夸美纽斯认为："身体是灵魂的住所，一旦住所坏了，灵魂便立刻离开了这个世界。身体患病了，精神也会患病，所以，身体要免于疾病和死亡，就得尽量注意身体，以便健全的精神寓于健全的身体。"他提出了养生之道的若干原则，这就是有规律地节制生活，尤其是适量的饮食、体育运动、必要的睡眠与休息。法国著名启蒙思想家教育家卢梭强调身体锻炼对以后的体育教学理论与实践的发展产生了深远的影响。他在 1762 年出版的《爱弥尔》中揭开了西方教学思想中个人主义价值取向的序幕。卢梭之所以强调锻炼身体，首先是因为他认为锻炼身体、强健体魄是他的教育目标——自由、独立的人格，所不可缺少的素质；其次他认为身体是精神陶冶的基础，身体强健，精神也健康。卢梭主张教育应"回归自然"，顺应人的本性，按客观自然规律进行教育，按兴趣爱好组织运动，使身心得到自由发展。他重视利用自然条件来锻炼人的肢体和感觉，培养其意志，使之学会各种生活技能和适应各种变化。瑞士教育家裴斯泰洛齐进一步发展了教学论思想，他主张教育的目标是要造就具体化的有自力更生能力的人、具有独立自主能力的人，他主张根据自然的法则去开发这种人类本性的力量，提出体育手段的多样化以达到使青少年身体全面发展的思想。他指出："有人主张单独教授单项技术，也有人充任舞蹈、击剑和骑术的教师。可见，就连体操专家也竟然多半在教授单一动作，而不改善人的整个身体发展状况。由于这个原因，这些人的活动不能认为是真正的体育，而只是舞蹈、击剑或骑马的传授……"德国教育家古茨牟斯一生的职业是教师，他为人类体育教育的形成与发展做出了很大的贡献。当时在德国只是把体育当作维持健康的一种方式，在人体发展上的教育作用常常被忽视。当时的体育主要是从卫生的角度来考虑的饮食、衣着、空气、日光、散步和旅行等养生之道，不包括当前这样许多身体运动技术的内容。古茨牟斯认为，体育以保养为目的是不充分的，更重要的是增强体力，提高运动技能，培养良好的性格，现在我们通常所说的体育教学的三项任务，这个思想体系大概是古茨牟斯在 18 世纪后期提出的。古茨牟斯主要的贡献是对身体教育提出了一系列运动教学的内容和方法。他在《少年体操》中系统地阐述了体操理论与方法，论述了身体训练和体操的意义、重要性、目的、效果等，并试图将体育教学理论及其实际问题同生理学、解剖学理论结合起来。把体操列入学校正规课程的一部分、获得社会承认的是施皮斯，其终身职业是体育教师，因为他的主要贡献是在学校体育方面，所以被称为"德意志学校体育之父"。他继承和发扬了古茨牟斯的运动教育的思想，将多年的中小学体育实践经验进行了理论加工，形成了一整套体育教师必备的著作。施皮斯的体育著作《体育论》共分四卷，即徒手体操、引体向上运动体操、支撑运动体操、集体运动体操。他最重要的贡献是根据男女性别和年龄造成的能力差异，选择和安排适当的运动，并把体操列入所有年级的体育课。施皮斯从 1833 年开始确立了运动规格和体系，即把身体运动动作规格化和系统化。施皮斯的体育教育理论在西方应用了一个世纪，即从 19 世纪 30 年代到 20 世纪 30 年代。到 19 世纪中期，近代体育教育有了较大的发展，丹麦政府于 1809 年规定中等学校应设置体操学科，对各国体育教育都有很大影响。这一时期体育教学理论迅猛发展，但尚不完备，逐渐开始从其他学科吸取新的研究成果,为体育教学理论研究开辟了新的道路。

随着科学技术的发展和提高,心理学、生理学、社会学、法律学等经验学科逐渐兴起,这些学科的知识和研究方法,对体育教学理论的发展起了巨大的作用。第一,随着生理学的发展,应不断对身体练习检查和加以发展。第二,体育是早期协调发展人的重要手段,只有协调发展的人才能以最少的经历并在最短的时间内达到最高的生产率。第三,协调发展的基础是人的体力和智力的统一,这种发展是受意识的主导作用而实现的。第四,体育教学的实质是部分地传授历史过程中积累的教育素材。第五,只有在"体育教养"制度建立在科学的基础的条件下,身体才能获得正常发展。第六,从"体育教养"科学制度中吸取的教学素材并不包括知识宝库的全部内容,而仅仅指包括易于在学龄期掌握的动作形式,并适合于学生运动与发展的项目,如步行、跑步、跳跃、投掷、摔跤、自由体操、游泳和旅行活动。第七,体育发挥的是教育规律的功能,在教学过程中应当极其注意循序渐进、持之以恒、年龄特点和顺序原则。

高尔霍费尔,奥地利人,他的主要著作是《奥地利学校体育概要》《自然体育》《新学校体育》《少年体育》等。他主张体育活动应注意儿童的生理、性别特征及儿童锻炼的限度,强调儿童要进行自然的运动。此外,还要注意儿童、少年在心理和审美方面的要求。他将身体锻炼、卫生教育、娱乐教育都容纳在自己的身体教育体系之内,形成了当时最为完善的身体教育体系。

进入20世纪以来,由于世界范围内的生产力水平的不断提高,文化教育与科学技术的发展向传统教育提出了挑战,促使教育家去探索新的教育与教学理论,开展新的教育与教学变革。于是,欧美等国开始创办新型的学校,改变传统的教育与教学模式,重视使用知识的传授和实际技能的训练,在教育领域进行教学改革。最早提出体育教学法的是瑞典体育教师斯卡斯特罗姆,他在1914年出版了《体育教学法》。美国哥伦比亚大学威廉姆斯博士1927年著有《体育原理》,是这一时期体育教学理论的代表,其主要论点是基于当时美国杜威的实用主义教育哲学的"自然体育"的思想和方法。"自然体育"特别强调：体育即生活，体育即教育，体育要适应人的生理及心理特征等，使学生生活丰富、满足。自然体育所形成的一整套概念、理论和方法，成为19世纪20—40年代体育教学理论的主导思想。20世纪40年代，马克思主义教学论诞生，这是教学论发展史上一次革命性的飞跃，是在苏联十月革命后社会主义条件下形成的。教育学家凯洛夫在1939年出版了《教育学》，其理论建立在马克思主义哲学的基础上，以培养全面发展的信任学说为基本原理，逐步形成了苏联教育教学理论体系。凯洛夫在《教育学》中对教学的基本理论进行了全面阐述，从教学的指导思想到对教学原则、教学过程的剖析都在很大程度上影响着体育教学体系的构成。其中比较有代表性的是依·格·凯利舍夫主编的《苏联体育教育理论》和格·依·库库什金主编的《体育教育理论》。

第二节　中国体育教学理论的发展

一、中国古代体育教学理论的产生

知识的增长和研究方法的更新使近代每一门学科的研究逐步深化，出现了新的研究领域，从而诞生了新学科。在我国，体育教学论研究大致可追溯到20世纪初期，而我国对体育理论进行系统化研究并使其作为一门真正的学科出现，开始于20世纪70年代。科学技术的迅猛发展，对培养人才提出了更高的要求。体育教学理论的研究非常活跃，从研究方法到研究内容都有许多创新。在国外，教学流派林立，体育教学论的研究已达到了一个新的水平。我国改革开放以来，体育教学改革试验和教学理论的研究也非常活跃，开始形成了具有中国特色的体育教学理论。历史学家与考古学家的研究资料表明，人类最少有两三百万年以上的历史。体育作为获取生存所必需的物质财富活动之外的，属于社会活动特殊范畴，产生于原始社会的晚期，其训练的内容是多方面的，其中包括许多身体运动能力等方面的训练。例如，从事畜牧业的民族骑马和骑马围猎是人们主要的谋生本领，因此青年们必须接受这方面的训练；在农业村庄，人们感兴趣的是摔跤、举重、舞蹈和养生术等，青少年则以学习这些内容为主。当时体育教育的最初内容就是通过成人接纳仪式而进行学习和训练。当然，不同的地域、不同的历史时代，体育教学的内容、形式都各有差异。孔子的教育过程理论是中国古代传统的教学过程理论的开始。他的部分教育思想对体育教学也有着巨大的影响和指导作用。在孔子的教育理论体系中，教学过程是学与习的结合、学与行的结合。循循善诱、因材施教，在体育教学中充分体现出了这个特点。《论语》开卷的一句话说："学而时习之，不亦乐乎？"这段话从方法指出，学必须"时习"，学而时习，才能对所学的有所体会，感到无穷乐趣。他所推崇的"六艺"，也非常重视人的身体发展，为中国的体育教学做出应有的贡献。[1]

二、中国近代体育教学理论的发展

近代中国体育教学理论是指1840年到1949年在中国流行和实施的体育教学理论。在体育教学思想领域中，各种教学思想、理论经过冲突、融合，产生了新的特点。

1. 资产阶级改良派的体育教学思想

康有为：他是近代资产阶级改良主义教育家，他的体育教学思想集中反映在《大同书》中。他主张：第一，各级学校都要注意卫生、体育设备及环境布置，即在各级学校都应当开设近代体育并为其创造物质条件。第二，要特别重视青少年儿童的体育。他认为少年儿童的身体强弱关系到终身健康，儿童阶段应把体育放在第一位。在进行儿童教育的过程中，他主张对儿童不要完全放纵。

梁启超由于接受了西方的学术思想和教育思想，他提出："德育、智育、体育三者，为教育上缺一不可之物。"他特别赞赏古希腊斯巴达人的军国民体育，在其《论教育当定宗旨》中指出："其宗旨在使斯巴达为全希腊最强治国，故先使全国人为军国民，……惟其以尚武为精神也，故专务操练躯体，使之强壮。"他可能是最先向中国介绍西方的军国民体育思想。

严复：他是近代资产阶级启蒙思想家，在1895年所写的《原强》中根据进化论原理，以及"体""用"统一的思想，积极主张运动强身，强调力、智、

---

[1] 程毅.中国学校体育历史研究[J].辽宁师范大学学报（社会科学版），2004（6）：74-75.

德三育为强国之本。在这一时期,资产阶级启蒙思想家系统地介绍西方文明到中国来,因而第一次从全国教育角度把西方体育教育引入中国,并且有了初步的实践。

2. 新文化运动中先进人物的体育教育思想

五四运动期间,中国兴起了反封建主义,宣传民主与科学,提倡文学革命的新文化运动。一些进步的体育思想理论对我国体育教育产生了深刻的影响。

蔡元培在1912年发表了《对教育方针的意见》一文,提出应实行五种教育,即军国教育、实利主义教育、道德教育、世界观教育和美感教育。1920年12月,在《在新加坡南阳华侨中学的演说》中,他强调:"所谓健全的人格,内分四育,即体育、智育、德育、美育。"四育同样重要,不可放松一项。"先讲体育,在西洋有一句成语,叫作健全的精神,宿于健全的身体。组建体育的不可轻视。"他强调了体育的重要,并精辟分析了运动竞赛和体育健身二者的关系,指出:"体育要发大学生的身体,振作学生的精神。其实体育最重要紧的是合乎生理。"从蔡元培的体育教育思想可以看出,蔡元培接受了西方全面教育思想,把体育作为其中一个重要内容,并针对中国当时的形式,提倡军民教育,试图用教育救国,用体育强国。

1917年4月,毛泽东以"二十八画生"的笔名发表了《体育之研究》,针对当时中华民族体质衰弱,而提倡体育者多不知"体育之真意"的情况,运用近代科学知识,对体育的各项基本问题进行了精辟的分析和研究。文章强调指出,体育的目的,不仅在于养生,还在于卫国,体育的效用在于强身健体、增知识、调感情、壮意志。文章正确地阐述了体育与智育、德育的辩证关系,指出:"德智皆寄于体,无体是无德智也。"对少年儿童应特别"注意于身体之发育",学校"宜三育并重"。同时,还以古今中外丰富的典籍和人物作例证,科学地阐述了体育运动的原则、方法以及注意事项，论述了身体与精神、体强与体弱、锻炼与养护、客观不利条件与主观努力之间的辩证关系。《体育之研究》发展和丰富了我国体育教育理论，体现了当时先进的体育思想及主张。

第三节　国外与中国体育教学理论的比较

一、中西体育文化历史根源的相似性

1. 中西方体育都曾是依附宗教文化的体育

在中国农业社会里，宗教思想禁锢着人们的思维，人们的价值选择和价值判断也受影响于宗教且根深蒂固。中国很多的民族传统体育活动，如"摆手舞""茅古斯舞""划龙舟""东巴跳""绕三灵"等，在远古只是作为该民族图腾崇拜、祭奠祖先时进行宗教祭祀活动的一种仪式。而作为西方体育发源地的古希腊，在克里特时期出现的体育活动，如角斗、掷石饼、赛跑、跳跃、拳击、赛车和舞蹈等，也同样是宗教祭祀、国家庆典中的一种活动形式。因此，中西方体育在远古都是依附于宗教的一种祭祀礼仪和活动形式。

2. 中西方体育都曾是强调群体本位的体育

中国自古以来的文化传统就是主张群体本位。在这种哲学理念和社会关系中，个人不能作为一个独立的实体存在，个人依附于群体，群体主宰着个人。儒家伦理对人生的目的和任务提出"修身、齐家、治国、平天下"的要求，个人的修身只是作为手段而存在，个体只是作为群体的附属物而存在，国家的治理和天下的太平才是最终的目的。

古希腊生活中的一个基本原则就是国家优先于个人，个人从属于国家。亚里士多德根据希腊城邦生活的经验指出："城邦，在本性上则先于个人和家庭。"这种城邦（国家或社会）至上的集体主义原则在柏拉图的《理想国》中体现得更为淋漓尽致。因此，现在既具有独立文化形态，又作为社会文化重要组成部分的中西方体育,在远古都是强调群体本位的体育。

3. 中西方体育都曾是内敛的体育

中世纪以前的西方体育文化和中国传统体育文化极其相似,都是一种内敛的体育文化。中国传统体育文化从文化结构上理解,应该是依附于宗教、感性至上、强调群体,隶属于中国传统文化的体育文化。而古希腊克里特时期的体育活动,虽然在活动形式上具有多样性,甚至出现初期的竞技性倾向,但是基本浸渍在宗教文化之中。此时的体育活动以游戏、风俗习惯、宗教为主题,表现出明显的娱乐性、传承性、神秘性、神圣性等。而初期的竞技性倾向也由于四次大地震和火山爆发等自然灾难及社会的变迁,发展得十分缓慢。因此,现在既具有独立文化形态,又作为社会文化重要组成部分的中西方体育,在远古都是特性内敛的体育。

二、社会演变过程中中西体育文化的差异性

在漫长的历史长河中,由于中国大部分时间处于一种闭关自守的封建状态,这就决定了中国体育文化依然以农业文化形态为主体。相比之下,西方自文艺复兴、宗教改革和思想启蒙运动以来,社会发生了重大变革,商品经济成为社会的经济基础。并且与之相适应的是,西方体育开始逐渐摆脱落后状态,进入工业文化形态,并正在向后工业文化形态过渡。在这两种截然不同的社会背景下,中西体育文化的核心理念和价值取向也具有显著的差异性。

1. 中西体育文化核心理念的差异性

中国体育文化的核心概念表现在"利他"性。"仁、义、礼、智、信"的对象都是他人,不是自己,这是一种纯粹的以他人为中心的做人做事原则,突显了中国人自身更注重和谐的人际关系。而西方体育文化核心内容则表现了"利

我"性。"勇敢、竞争、自由、平等、节制、谨慎"的对象都是自己,没有他人的位置,是一种典型的以自我发展为中心的做人做事原则,突显了西方人重视处理自己与整个社会的秩序问题。西方在"竞争为贵""物竞天择,适者生存"的传统价值观影响下诞生了以个体为本位的体育思想。因此,西方人在从事体育活动时坚持个人主义,提倡个性解放,尊重个人权利,重视契约关系。

2. 中西体育文化教化原则选择的差异性

中国体育文化价值选择以"乐行而礼成"和"经世致用"为教化原则。这表明中国古代体育文化主张利用体育活动修身养性,将体育活动纳入治心、修身、为国、观人的教化过程中。正是基于这种认识,具有实用价值和有利于提升个人道德修养构成了中国古代选择个人体育活动的两个基本原则。

西方体育文化价值选择以充分尊重人的自由意志、张扬个性为基本原则。西方文化强调激发和释放人类的创造潜能,这种追求个体美、个体自由意志的思想境界和尊重人性与人的自由意志也成为西方社会选择体育手段的重要原则。可见,无论是古希腊和罗马的竞技运动,还是发展到近代的户外运动乃至现代运动,西方体育运动始终强调了人的自我价值的实现,追求个体自由意志,注重竞争而不是伦理。

3. 中西体育文化参赛原则选择的差异性

在以儒家思想为思想主流的古代中国,重视的是仁、义、礼、乐而非身体运动本身,倡导的是人(君子)之间以礼相待的规范而非个体力量的竞争精神。在这种重道德轻肉体的观念主导之下,中国古代体育形成了"射不主皮,力不同科"的参赛原则。这说明了以孔子为代表的儒家思想重视使体育,尤其是古代军事体育为仁义礼乐服务。

而与此相反,西方体育文化所彰显的则是自由竞争的参赛原则。古希腊思想传统主张人可以认识自然、征服自然,向大自然挑战。那个时候的人们清楚地意识到自身与自然的差异、对立和矛盾,并力求克服这种矛盾。

4. 中西体育文化竞技观的差异性

从审美情趣来看,中国人崇尚超人的智慧和完美的贤德,中国人讲的形体美,首先是"生而长大",即是父母给定的而不是后天练就的;其次是讲貌美与神韵。而在希腊人眼中,理想的人物不是仅仅拥有善于思索的头脑或一个感觉敏锐的心灵,而是血统优良、发育健全、肢体匀称、身手矫捷、擅长各种运动的竞技家。古希腊对力量的崇拜与对肉体的赞美构成了西方体育文化竞技观的基础。

中西体育文化中不同的价值理解影响着体育活动中的竞技观,不同的竞技观影响着人们对活动方式的选择,从而形成不同类型的基本运动模式。西方重视体格,赞颂力量,其主要运动竞赛大都属角力、跳跃、拳击、赛跑、掷铁饼等力量型的运动,其竞赛以展示体能的高低为特征。而中国运动方式大多呈技术型,就是在力量型的竞赛中也崇尚"四两拨千斤"的技巧,以展示技法技巧之优劣为其竞赛特征。

第四章 学校体育教学意义的探寻

第一节 体育教学的生命蕴含

21世纪是知识推动经济发展的社会，科技快速发展，世界竞争日趋激烈。生存问题也不再仅仅是个人问题，而是民族问题、国家问题、世界问题。历史和现实告诉我们：一个生存生活意识淡薄的人，必然是一个失败的人；一个生存生活传统刻板的家族必然是一个衰败的家族；一个生存生活能力低下的民族必然是一个没有希望的民族。青少年是祖国的未来和希望，中华民族要在激烈的国际竞争中生存和发展，就必须从现在起培养一代能适应未来世界的新人。生存教育迫在眉睫，所谓"生存教育"就是指面对人类与自身的矛盾，教育学生如何善待自己，并学会获取个体生存与发展的能力，它包括教会学生生活自理能力、生存自主能力、自控能力、自救能力、自我防范能力等。体育作为教育的重要组成部分，它那独特的课程特点对提高生存能力起着不可替代的作用。

一、在体育教学中培养学生的生存意识

人类生存在世界上，一切活动都离不开生存，只有活着的人才能成为一切的可能。一切意识活动都离不开生存，只有存在的人才有人类应具有的意识，即只有满足了生存，才可能有意识及其在意识指导下进行一切活动。人类生存意识是人类其他意识及其生产活动的前提。生存意识，即保存生命的一种意念，

人类之所以繁衍不绝、昌盛兴旺，便是其生存意识强烈、生存手段多样的缘由。但是时间推移到现在，现在不少孩子的生存意识淡薄，他们犹如温室里的花朵，备受家长和老师的溺爱，因而在生活自理、生存自主、自控、自救、自我防范等方面就显得极端无能，所以才屡屡发生交通事故伤害、火灾、掉进浅水河中因不会游泳溺死或被吓蒙而溺死。因此，作为体育教师首先要在体育教学中帮助学生树立生存意识。例如，在"走跑交替"教学中，体育教师可设计一个"过马路"情境，适时灌输"一慢、二看、三通过"的交通规则，让学生在潜移默化中增强安全意识。这样，不仅枯燥单调的体育单项练习增加了趣味性，而且帮助学生树立了生存意识。

二、在体育教学中积累学生的生存条件

人类赖以生存的条件很多，如氧气、水、食物等。体育课中能帮助学生积累的生存条件主要是学生的各项身体素质，包括健康的身体、健全的机能、灵敏的反应、开朗的性格、乐于交往的态度等。学生的身体素质与生存能力的高低是密不可分的。试想如果在相同的环境条件下，身体素质优越的个体必定比身体素质差的个体生存能力相对强些。因此，在体育实践课中加强学生的身体素质锻炼，切实提高学生的身体机能，就等于帮学生增加了生存的一个条件。如在体育课中进行"接力跑""绕障碍物跑"等体育比赛等游戏可以潜移默化地发展学生思维的灵敏性与应变能力，"跳长绳""拔河"等小组活动可以培养学生团结友爱的精神和活泼的天性。总之，在体育活动课中引导学生进行科学的锻炼，培养他们日常生活积极锻炼的良好习惯，使其身体素质不断提高，他们的生存能力也就不断提高了。

三、在体育教学中让学生掌握生存技能

德拉克曾指出:"在知识社会,知识只有在应用中才能生存。"生存能力是一个人在社会中能够正常生活的最基本的能力。人的生命是宝贵的,在生存过程中,我们往往会遇到各种始料不及的考验,当意外伤害来临之时,自我救助是生存下去最后的希望,所以说给孩子自我生存的能力,要比给他一笔钱更能使其适应社会的发展。孩子生存适应能力的强弱,虽然有先天遗传的影响,但后天的锻炼显得更为重要。在我国,到目前为止,有效的生存训练机制尚未建立,学生对生存训练内容的掌握更是微乎其微。因此,体育教师将生存技能的培训融入我们的体育教学,不仅可以弥补国内生存教育的空白,更是对新时期素质教育中体育教学的全新诠释。体育教育是生存技能训练最基本的教育形式,跑得快、跳得高、投得远是我们赖以生存的必要条件,体育老师要正确指导"跑、跳、投、爬"基本动作,并加强训练,有条件的学校还可以进行游泳教学,进行简单的溺水施救教学,提高水中的生存技能训练。体育教学中可以室内和室外相结合,可以向学生讲授生存技能中的理论知识,如运动损伤、运动休克、晕厥、中暑等情况的处理和护理方法,如使学生意识到团结合作的重要性,学会尊重人、理解人、关心人,能以良好的心态主动与他人、与社会沟通和交往。这样学生的自我保护意识得到了提高,应急状况下能自我保护,逆境下能自我心理调节。体育教学还可以从课内教学向课外教学延伸,如组织"野外生存挑战赛",这是体育课程进行社会适应能力、生存技能培养的一项活动这项活动,涉及安全、急救、包扎、攀爬等一些生存技能。学生在轻松愉快的野外生存挑战中,学到生存技能,并使学生的个性得到充分发挥,生存的技能得到了提高,学生的合作意识、沟通能力得到了增强。

四、在体育教学中培养学生顽强的意志品质

良好的意志品质是学生社会适应目标培养的关键，坚定顽强的意志品质可以使学生在困难面前不会轻易放弃导致丧失生存的机会。现在的学生在家长的"关注"下往往缺乏实践锻炼的机会，很多家长对子女的过分溺爱和万事包办剥夺了孩子们接受社会适应锻炼的机会，学生的自理能力是非常差的，意志品质相对薄弱。体育教学为学生提供了自主运动的时间和空间，使他们可以最大限度地发挥自己的主观能动性，并在无拘无束的自主环境中磨炼意志。在体育课教学过程中，多让学生参加体育活动，让他们吃点苦，受点累，受点难，有利于顽强意志的培养。很多体育项目是可以培养学生坚定顽强的意志品质的。如耐力跑教学，不仅可以提高耐力跑成绩，发展心肺功能和耐力素质，而且可以帮助学生形成和发展坚韧不拔、吃苦耐劳的意志品质，实现了学校体育进行生存教育的必要性。当然在教学过程中片面地强调意志是行不通的，只有在教学实践中增加孩子们生活体验的机会，让意志在克服困难中逐步形成和发展。这就要我们在教学中设计一些有一定难度的实践活动让学生去体验，从中磨炼意志，提高毅力。

体育教学作为基础教育的重要组成部分，不仅仅是运动的教育，而且是把运动作为一种载体，其教导生活的承受力、其对生存教育的意义将是其他任何教育所无法比拟的。我们必须深入理解与把握体育课程目标体系，结合平时教学实践，加强探索，使其不断完善，把"生存教育"作为一个重要教学内容进行研究，让体育的原野上绽放生命的花蕾。

第二节　体育教学与人格的塑造

体育教学是塑造学生健康人格的核心。以前，学校体育教育通常是将知识、生活、价值分离开来，成了可有可无的科目。其实，体育教育是素质教育的重要组成部分，一个人没有健康的人格和体魄，文化和知识学得再好，也同样是综合素质有缺陷的。当今社会，现代文明的飞速发展，整个社会呈现快节奏、高时效、高技术密集型的生活方式，使人们心理负担加剧，体力耗能降低，因此人们对体育教育的要求提高了，不仅要求体育教育能锻炼身体肌肉，更希望体育能增强心理承受能力，培养良好的人格，才符合社会的需求。因此。对学生进行健康人格的培养，是体育学科学教育的核心。

健全的人格即人格健康，其表现为以下基本特征：人格结构中的各个方面得到协调，充分的发展，能有效适应变化着的社会环境，并且自主性和创造性得到了充分的发挥，对身心健康、潜能发挥，以及社会生活诸多方面产生积极有效的影响，体现了人性与社会性的协调，并代表着人类社会发展的积极方面。

一、高校体育教育对培养健全人格的作用

体育人格是指人格主体在体育运动中言语、行为、态度、仪表、爱好方面自然表现出来的常态，是人格主体的尊严、价值、思维、道德品质的综合反映，表现的是个体的道德形象。[1] 体育运动是人们有目的、有组织、有计划地促进身体全面发展，增强体质，提高运动技术水平，丰富社会文化娱乐生活的一种社会活动，人们的社会活动必然参与体育道德关系，如何确定活动目的、采取何种活动形式、怎样对待活动结果等都是行为人道德状况的表现。例如，体育

---

[1] 王泽豪.试论如何在高校体育教育中培养学生健全人格[J].网羽世界，2021（3）：95-96.

竞赛，它既是体力、体质、体能和技艺的较量，同时又是毅力、意志、决心等以思想和道德为核心内容的精神较量，较量结果必有胜负，胜不骄败不馁，总结经验，继续学习，刻苦训练，学习别人长处、克服自己的弱点奋发进取，在竞赛中自觉坚持公正比赛的道德原则，尊重他人，兢兢业业，敢打敢拼，意志顽强，争取胜利，即使在拼搏中输了，也是落落大方，这就是体育人格的表现。从体育的本质来说，体育是作用于自然力的身体活动，人体本身就是完美协调的有机体，人一旦投入体育活动中，便会产生体育道德关系，体育人格是在参加体育活动过程中逐步形成的体育人格要求物质因素和精神因素的完美统一，要求个人行为和社会道德要求协调一致，这种完美和协调一致能够转化为巨大的力量，即人格力量。

体育具有促进学生个性全面发展的功能。瑞士著名心理学家认为影响人格发展的首先是人的个性化程度，其次是环境，在人格形成发展的过程中，内外不良因素的作用会不同程度地影响人格的健康发展，从而导致人格发展缺陷，严重的还会引起人格障碍，体育不像其他学科那样，体育运动一般在户外进行，气氛活泼轻松，容易保持和激发学生的自然兴趣和激情，使每个学生能控制自己的身心，每个学生根据自己的生理机能、身体素质、兴趣爱好、需要、天赋等选择自己所喜爱的运动，体育教育本身就是强调发展学生个体潜能的优势和发挥，认为每一个内在应该具有亮点、运动实践可以帮助他们在人生道路上找到一条最能鲜明的发挥个人创造性和个性才能的地方，帮助他们找到如何发挥自己价值的途径、方法，在体育运动中体现自我价值感和满足感。

体育文化本身具有教育功能。体育文化是由体育知识、体育的价值观和体育的物质发展水平决定的，也深受我国现代社会发展需要和高等教育发展水平等诸多因素的影响，在体育教育过程中产生的专业是一种人格内化的过程，当一个人依照一定的体育价值去评价事物时，总会产生与之相应的体育价值观影响学生学习的内在倾向及设计文化观念的属性层面，又涵盖行动主题的价值选择与行为特征。

现代社会的发展，对学生的教育提出了新的要求，对学生的身体与精神、知识与能力、道德与行为都有了不同于以往的新的教育手段和方法。适应社会的发展，培养现代社会所需人才，是当前教育的主要任务和目标。作为教育的重要组成部分，体育教学也同样存在着这样一个重要课题。在多年的教学实践中，笔者深深体会到我国的体育教学，始终在单纯传授体育知识技能或单纯的身体锻炼的低层次上止步不前。普遍忽视对学生体育精神要素的挖掘，忽视对学生进行体育精神的启迪和教育。当然体育教学离不开传授体育的技能知识，离不开身体锻炼，这毋庸置疑，问题是我们应该把追求的目标定在何处，这一点应当引起重视，在体育教学中通过体育精神的教育，潜移默化地熏陶和影响学生的人格形成，对全面发展学生的人格精神起到重要作用。这应是我们体育教师思考的重点，是体育教学追求的高层次目标。

二、用体育精神进行人格教育

体育精神对学生的全面教育、全面发展，对学生人格精神的价值在于：培养学生愉快的生活态度，较强的身心适应能力，个性的发展，个人行为的规范化，责任感，与同伴的合作精神，竞争、拼搏、信心、荣誉的信念，公正地看待问题，遵守规则，遵从社会法规。在丰富多彩的体育运动中，尽管其技术手段、比赛方法、胜负的形式各不相同，但其基本的体育精神是相通的。学生投入到体育运动中就已经开始接受体育精神的影响和教育，受到体育精神的熏陶，塑造着自己的人格精神。体育教学的改革和深化，这是一个高层次的战略目标，我们应当在体育精神的挖掘、提炼上，在体育精神教育的内容、方法和手段上狠下一番功夫。

人格教育是一种着眼于发展受教育者心理品质的培养。人格教育是把人的知、情、意、行统一协调发展的日趋健全、完善人的心理品质的培养过程。体育教学中通过体育精神对中学生的人格教育，一般应着重在以下几个方面：

（1）发展社会认知，在体育的社会交往中培养学生健康积极的生活态度和集体主义荣誉感。人是社会的细胞，人需要在社会实践中去认识社会、理解社会。体育是一种社会现象，也是一种较为独特的社会交往活动，是人生社会的一个缩影。让中学生在体育活动中去认识体育的实质，从而认识人生、认识社会。在体育活动中让学生学会竞争，培养学生拼搏进取的意识。在体育的相互交往中学会尊重、学会合作，培养学生的集体主义精神和集体荣誉感。这是一种健康的人格品质，将会成为一个人的永不衰竭的生活动力。

（2）自尊、自爱、自强不息，培养积极参与意识，发挥人的自主精神。体育活动中无论是个人项目还是集体项目，都要让学生学会尊重自己和尊重别人，讲究个人行为的规范性和道德性，培养学生良好的个人行为和道德风尚。鼓励学生积极投入，增强参与意识。在运动实践中让学生学会独立的观察判断，独立地应付突如其来的赛场变化，充分发挥学生的个人特点、特长，发展个性，培养自主精神和独立人格。

（3）培养学生的是非感、正义感。体育运动是严格规则约束下进行的健康文明的活动，教育学生遵从规则与规定，按规则允许的精神去认识问题，辨别是非、不斤斤计较、不小肚鸡肠、不投机取巧，尊重事实，弘扬正义。对的就支持赞扬，错的就批评改正，培养学生爱憎分明、态度明朗的人格精神。

（4）注重学生的价值观、人生观教育。价值观、人生观是一个人看待、了解自然和社会现象的基本观点，是调节和控制个体行为的高层次的参照系。体育运动是一种对抗游戏，是人的身体、意识、心理和智慧的对抗，也是技术、战术的技巧对抗。要让学生学会辩证地、客观地观察问题、分析问题，实事求是，遵从事物的客观规律，趋近事物的本质。学会靠真才实学，靠真正实力，靠智慧技巧，靠人格精神去战胜对手，取得胜利。追求体育的真义和价值，实现人生的健康文明的生活愿望。

（5）培养学生吃苦耐劳，不怕困难，不怕失败的顽强意志。体育运动的教学训练和比赛，都要求参加者付出极大的身体和心理能量，需要接受艰苦的磨炼。要让学生学会在运动中吃苦耐劳，疲劳时学会咬紧牙关坚持到底，困难时学会坚韧不拔、持之以恒，失败时学会决不气馁、再拼再搏，胜利时学会冷静处之、决不得意忘形。坚强意志是人格精神中不可缺少的重要素质之一。体育运动是培养坚强意志的一片沃土，有待我们中学体育教师的深耕细作。

体育教学以体育精神进入人格教育，关键在于体育教师自己的观念和认识，理性认识上升到这个高度，行动才能产生飞跃。另外，体育教师还应注重自身的人格精神对学生的示范作用，严格要求自己，完善自身的人格精神。挖掘体育精神的要素，丰富和发展体育精神的教育方法手段，使我国的体育教学迈上一个新阶段，是我们体育教师义不容辞的职责。

教育的本质是塑造健全的人格，教育的真正目的就是帮助生命的正常发展，教育就是助长生命的一切作为。只有独立人格的形成，人的发展才具有取之不竭的源泉。这就要求我们必须树立以人为本的教育观，重视学生的人生价值及其实现，帮助学生成为充分成型和完善发展的人。

人格是指人的性情、气质、能力等特征的总和。蔡元培的《普通教育和职业教育》"所谓健全的人格，内分为四育，即体育、智育、德育、美育"道出了体育在塑造学生健全人格中所占的重要地位。体育教学中存在着异常丰富的非智力因素即情商，在塑造学生健全人格方面是一座其他学科所无法比拟的富矿。在教学实践中，我们只有努力挖掘教材的思想内涵，立足于体育文化和体育精神，把技术、体能、人格三位一体统一于学生的全面发展中，才能真正地使体育教学的技术性功能和育人功能得以充分发挥。

1. 激发情感，培养意志型人格

未来的教育是充满激情的教育。激情是太阳，生命需要激情飞越，没有激情飞越的生活，就不可能使学生愉快地发展。教育的责任就在于激励。在教学实践中，我们要激励学生以奥运健儿为榜样，发扬奥运精神，激发爱国情感，树立为建设祖国而努力锻炼身体的远大目标。教师在讲授和指导学生练习时，要讲究科学性、层次性和艺术性，借助教学图片、影视资料及网络等手段来满足学生的好奇心和求知欲，让学生掌握自我培养体育情感的方法，帮助学生形成深刻而持久的学习动力，进而产生强大的意志力，促进意志型人格的形成。

2. 展示自我，培养主动型人格

主动型人格主要表现为有自己独到的见解，喜欢主动、独立地去学习体育知识，主动参加锻炼，不易被困难吓倒，勇于质疑，勤于思考，善于张扬个性等。这是一种可贵的人格品质。

3. 合作学练，培养容纳型人格

容纳型人格主要指学生的合作品质，是其社会适应能力的重要体现。表现为学生具有一种兼容并蓄、宽容大度的态度，相互信任，互相配合，对事不存偏见，能接受不同的意见，懂得尊重他人的劳动成果，懂得团队精神的重要性，这是适应纷繁复杂、竞争激烈的未来社会必不可少的一种人格品质。

在"以人为本"教育理念的指导下，现代体育教学强调学生的主体人格，使学生在体育学习中得到全面和谐的发展。体育教师要转变观念，尊重学生的人格和尊严，解放和发展学生的主体力量，利用体育教学的特点，培养学生的合作品质和社会适应能力，促进学生容纳型人格的形成。

呼唤人性的回归，关注人文精神的培养，注重人格的完善与发展，教育学生热爱生命，指导学生升华生命，发挥学生潜在优势，提高学生生命质量，成为当今教育的主题。我们要发挥学科优势，促进体育教学与人格教育的和谐发展，提高学生对自身人格的自我认识、自我评价、自我监督、自我追求、自我控制和自我教育的能力。让学生带着对生命的认识、洞察和至爱，带着人格的魅力和灵性，去发现和唤醒生命的潜能，淋漓尽致地展示人性的魅力和对生命的挚爱。

第三节 体育教学的文化本质

一、加强体育文化理念传播的普适意义

体育文化既是指体育运动本身所蕴含的、围绕体育运动所形成的一切物质文明与精神文明的总和，又可指体育运动某一方面的文明因素。体育文化是人类本身需求的特殊反映，它是人类在体育生活和体育实践中创造出来的，并通过有形的身体形态、动作技能、运动器材、物质以及无形的与社会属性相关的意志、观念、时代精神反映出来，显现了各具特色的存在方式。体育文化和其他文化一样反映了一个时代、一个国家或民族的特征，并规范着人们的体育行为，也影响着人们的价值观念。

体育文化是民族的血脉，是人民的精神家园。我党历来高度重视文化建设，高度重视发挥先进文化引领前进方向、凝聚奋斗力量、推动事业发展的重大作用。在革命、建设、改革各个历史时期，我党都结合时代条件，围绕党的中心任务，提出自己的体育文化纲领、体育文化目标、体育文化政策，大力推进体育文化建设，有力促进了党和人民事业发展。在新的国内外形势下，党的十七届六中全会研究部署深化文化体制改革、推动社会主义文化大发展大繁荣，进一步掀起社会主义体育文化建设新高潮，对夺取全面建设小康社会新胜利、开创中国特色社会主义事业新局面、实现中华民族伟大复兴具有重大而深远的意义。深化体育文化体制改革、推动社会主义体育文化大发展大繁荣是全面贯彻落实党的十七大精神的需要；深化体育文化体制改革、推动社会主义体育文化大发展大繁荣是顺利实现"十二五"时期发展目标的需要。"十二五"规划提

出了以科学发展为主题、以转变经济发展方式为主线、深化改革开放、保障和改善民生、为全面建成小康社会打下具有决定性意义的基础的总要求，并对大力发展体育文化事业、加快发展体育文化产业做出了部署。做大做强我国体育文化产业，推动体育文化产业实现跨越式发展，使之成为新的经济增长点、经济结构战略性调整的重要支点、转变经济发展方式的重要着力点，符合科学发展理念，有利于促进中国特色社会主义事业全面协调可持续发展。

体育是文化的重要组成部分，也是社会事业的重要组成部分。推动社会主义文化大发展大繁荣，也包含着推动体育大发展大繁荣的内容。贯彻落实全会精神，要紧密联系体育工作实际，以改革为动力，进一步激发体育事业发展的内在活力。体育是人类文化与文明的产物，体育和其他的文明、文化现象相伴而生、同步发展；体育的发展与经济的发展相辅相成。我国体育事业所取得的巨大成就，与我国经济社会的快速发展密切相关；体育对推动经济社会发展发挥着重要作用。体育不仅是一种身体运动，也是一种教育手段、生活方式，是生产力的重要构成。许多地方积极申办、承办大型体育赛事，直接推动了当地经济社会的发展；体育是一个国家或地区综合实力的重要体现，尤其是文化软实力的重要体现。

二、高校体育文化的内质与价值

体育与人类的生存、发展紧密相连，人类创造了体育，也创造了体育文化。体育文化是一种竞技运动文化。正是人类对这一种竞技运动文化进行了改造，经济、文化才不断地获得创新与发展。

然而这些创新与发展，是在不断地实践中完成的，并经历了与西方学者的社会变革的历史里程相同的三个阶段，即宗教体育文化阶段、科学体育文化阶段和正在进行中的艺术体育文化阶段。艺术体育摆脱了人类为寻求生存的宗教体育文化和强身健体适应环境的科学化和功利性体育文化的特征之后，向着竞技与艺术相结合、形体美与心灵美相结合的形态发展。高校对于人的培养是多元化的，是达到心智高层次发展的综合体现。然而，艺术体育文化形态对大学生的影响恰好满足着大学生心智全方位形成的终极目标。

校园体育文化作为学校教育的重要组成部分，在德、智、体、美、劳全面发展的教育方针中，在培养身心健康和具有创新精神和实践能力的社会主义现代化合格人才中具有十分重要的作用。校园体育文化的演进与发展如同其他意识形态一样经历着历史的变迁。

古代体育尚处在原始教育阶段，因此，还谈不上具有规模性的学校体育，当然也就说不上校园体育文化了，但它也展现了不同时代的体育文化现象。我国学校体育从孕育到诞生经历了一段漫长的历史过程。

五四新文化运动对学校体育的贡献在于对军民主义体育和国粹体育给以强烈的批评。与此同时，剔除了兵操内容，将体操课改为体育课，并引进西方体育。这虽然是文化流动的结果，但也造成了传统体育文化的冲突。由于文化具备的融合性，才逐渐缓冲下来。尽管如此，学校体育还是在封建道德观的束缚下举步维艰。直到中华人民共和国成立，学校体育才确立了以增强体质为目标，并为学校体育的发展开辟了广阔的前景。

当代校园体育文化在坚持具有中国特色的社会主义体育教育方向的同时，既要发展中华民族传统的体育文化，又要引进国际先进的体育文化。为完成未来体育教育的使命，我国当代校园体育肩负着历史使命。树立健康第一的教育指导思想，要树立在生理上、心理上和社会相适应的全面性健康要求，并明确要求加强学生的心理健康教育和对社会的责任感，培养坚忍不拔的意志和艰苦奋斗的精神。为推行素质教育服务，体育教学中推行素质教育要更多地关注学生的个性发展，提高人文体育的素养，培养健康人格，增强健身意识和品德修养，协调人际关系和合作精神。

三、高校体育教育的发展

目前，在我国大学校园举办了"三人制"篮球联赛、"五人制"足球联赛、体育摄影展、体育知识竞赛、阳光体育操、校园健身舞等各种形式的体育文化节活动，其中丰富多彩的体育活动项目，让每位学生参与其中，让学生在运动中得到快乐，在快乐中获得知识。

体育运动为大学校园带来了非同一般的活力，不仅让学生陶冶情操、净化心灵、享受乐趣，更使学生的身心和谐健康发展。"我们要将运动进行到底，我运动，我快乐。"成为大学校园时尚的流行语。通过体育活动本身积极营造良好的校园体育文化氛围。与此同时，国内外高水平的体育赛事常常落户于高校先进的体育场馆设施，比如在2009年，第11届全运会在山东省主办，其中全运会的拳击项目比赛在山东交通学院体育馆进行。在此基础上，试办高水平运动队的院校巩固了学校体育项目优势地位，建立校园体育网站，宣传体育和文化相关的内容。在实地调查中我们发现，为培养学生的终身体育意识，东北财经大学在教育教学质量不断提升的基础上，遵循健康体育、个性体育、快乐体育的工作思路，积极开展形式多样的群众性体育活动，取得显著成效。每天都安排课外体育活动时间，体育教学部和学生会根据学生具体情况设置了必要的素质练习项目，同时还开展了院系内的小组竞赛、校内的院系友谊赛、挑战赛、擂台赛等。为培养学生的组织领导能力，有的高校还组建学生体育协会社团，如足球协会、篮球协会、田径协会、乒乓球协会和校园吉尼斯纪录委员会等，各协会社团组织的职位全都由学生担任，教师担任顾问。学校各小型比赛全都由学生体育协会社团来组织，包括裁判工作，这样既可培养学生的组织领导能力，又可以使学生锻炼、展示自我，为步入社会打下扎实的基础。

多年来，我国高校积极探索特色教育发展的新途径，培育出一流的体育特色文化，学校培育出的竞技体育队伍在国内具备一流水准，形成了竞技体育项目发展的"体教结合模式"。北京理工大学足球队成立于2000年9月，这支队伍的前身是人大附中BTV三高足球俱乐部一队。1997年他们作为继"健力宝"之后，中国第二支出国留学的少年球队，他们远赴墨西哥进行为期两年的足球训练，回国后，参加了中国足协举办的1999年的"全国足球乙级联赛"。与职业队进行了正式的对话。2003年6月，教育部、中国足协正式授权北京理工大学足球队代表中国参加在韩国举行的第二十二届世界大学生运动会，聘请金志杨担任中国大学生足球队主教练，获得第7名的好成绩。同时，北京理工大学足球队向甲A的职业足球队输送多名队员（如杨思源、张树等）。在足球项目的率先带动下，北京理工大学形成了具有足球特色的校园体育文化氛围，这种特色鲜明的体育文化氛围对提升国内外的知名度发挥着重要的作用。此外，世界知名大学如牛津、剑桥以及我国的清华、北大、浙大、武大等名校都在利用举办高水平体育赛事来宣传或者说是包装大学，比如牛津与剑桥每年一度的赛艇比赛，两校间每年一度的牛津剑桥赛艇对抗赛正是它们证明各自强弱高低的最好写照。比赛从1829年开始至今，百多年以来，除了战争期间，从未间断。随着历史的推移，牛津剑桥对抗赛的规模和影响力越来越大。每年比赛期间，泰晤士河两岸都会会聚25万以上的观众，更多的观众通过电视收看直播，据说有600万人收看，赌博公司也会开出赔率。如今，这项学子之间进行的最能体现团队精神的体育项目已经推广开来，美国的哈佛大学和耶鲁大学每年也效仿进行赛艇对抗，1999年，清华大学和北京大学在美丽的北京昆玉河上举行了第一次对抗赛。这样的比赛不仅可以提升大学自身的知名度，而且还可以形成大学传统特色的风格，加重文化的氛围。

第四节 体育教学与人的发展

人"都是文化的造物"。蜜蜂筑巢、河狸建坝、猩猩群居都是动物在遗传的基础上适应环境的结果。人则不同，除了具有动物本能，还有观念、价值、感情等，这些都是文化的产物。人们养成某种运动习惯的能力是由机体决定的，但特殊的形式却是由经常习惯性行动形成的。人类的机体有使用工具的能力，但是不同文化的人所使用的有特色的工具是由传统生产的。人都有利用自然肢体进行运动、作用于外部世界的本能，但是生活在世界各地的人的行为和作用于外部世界的方式不一样。因此，人类"行为的特殊形式是由文化决定的"。文化由人创造，反过来又作用于人，决定着人的行为。怀特认为，文化创造它自身，文化所具备的每一特质，都是从早先的文化情境中成长起来的，文化必须依赖文化而加以解释。"文化已经存在，人不能摆脱文化，除了按其自身条件对它做出反应而外，人是无能为力的。"体育与文化之间本身就有着天然的、紧密的联系，在欧洲，最初出现过一个身体文化 physical culture 的概念，但是这个概念中的"文化"一词主要解释为"培养""教养"。应当说这是最典型的体育本义。但一直以来，人们总是把"身体文化"看成是"有关身体系统的保养"（《韦氏国际大辞典》）。在人类文化史中有很长一段时间将体育排斥在文化之外，甚至将体育与文化对立起来，只注重体育的生物属性。这种认为体育没有价值或只有低层次的价值的偏见，是由于人们对体育文化的狭隘认识造成的。

第二次世界大战后，苏联和东欧各国把"身体文化"作为关于体育的最广义概念来使用，认为它是整个文化的组成部分。在英文里，physical education（身体教育）、physicality culture（身体文化）、physical train（身体锻炼）三位一体，三者都以身体为对象。就其原始意义而言，三个词都包含了通过外力作用，引导出个人能力并使其充分发挥的含义。广义的体育是"以身体活动为媒介，以谋求个体身心健康，全面发展为直接目的，并以培养完善的社会公民为活动目的的一种社会文化现象或教育过程"。然而，人的体质固然有其遥远的自然物种的本原基础，但我们同时也必须承认，人的体质的"文化"是同人的文化意识和"文化着的"人的活动密切相关的。因此，也可以说，体质状况在一定意义上也是文化的现实表现。"当然，体育作为文化的现实性，在较早的时代是人的身体活动的'顺便'结果或曰'副产业'，只有人的意识发展到了一定水平，人才把自己身体的健康、强壮和优美作为文化目的，从而产生体育。"这也许是为什么人类建立很久的学校后，才在18世纪开设体育课的原因。

体育作为一种人的文化实践，关注的是人的全面和谐发展，作为学校体育，关注的是促进学生身心和谐发展。"人不能只关心自然、只关心社会，而忘记了人本身。"现代西方哲学家，以叔本华和尼采为代表，将哲学研究的领域和对象由自然转向了人，在现代西方哲学史掀起了一股人本主义或非理性主义的狂飙。在中国，改革开放以来所取得的巨大社会经济成就以及全球经济、文化一体化的国际化大环境，已使我国的社会发展观念，发展目标、人的观念、意识、心态、需要等都发生了重大的变化，形成了一种关注人、尊重人和塑造人的人学思潮，促使人们树立"人"的观念，自觉把握人自身的命运，促进人的解放、人的发展和塑造。人已成为社会发展理论的一个核心概念，人已成为时代的主题。

马克思说："全部人类历史的第一个前提无疑是生命的个人存在，因此，第一个需要确认的事实就是这些个人的肉体组织以及由此产生的个人对其他自然的关系。"可见马克思本人是非常重视人的生命本体价值的。刘德华在《让教育焕发生命的价值》一书中详尽列举了由于教育管理中对学生生命的漠视而导致的一幕幕真实悲剧，他感叹说："一种不懂得保护学生生命的教育，无论在其他方面怎样取得成功，也绝不是成功的教育。"读后令人警醒和深思。体育作为完善人、促进人的身心和谐发展的教育活动，理应以尊重生命、珍惜生命的价值为底线，注重对人的本体价值的开发。体育的其他价值都是基于这一点之上，认识不到这一点乃至舍弃这一点，就抽去了体育的根基，实际也就等于放弃了体育。而实际上，成功的体育肯定是以对人的尊重为前提的，体育的目的必须要以人为本、以人为目的。体育作为一种社会文化现象，其本质必须要奠基于对"人"的本质理解之上才能得到说明。庞朴教授在谈到文化的本质时说："文化是人的本质的展现和形成的原因。"后来又明确地提出"文化就是人化"，人化的过程也就是人的发展过程。人是一个历史性的存在，人的本质就在于人的存在性、生成性。只有基于存在论的立场，我们才有可能全面把握人。站在存在论的立场上，体育就是"人"的引出。

无论是文化活动、教育活动还是体育活动，它们的核心都在于对人的关注，在本质上都可以归结为体育与文化的关系。因为文化源于人的存在，所以，体育最根本的原点只在于人的本身。学校体育以具体的、现实的人为对象，就是要以人为本，直面人的生命，关怀人的生命，提高人的生命。任何偏离人的体育都不是真正的体育。文化视点是我们研究学校体育本质、理解教育的真谛的"阿基米德支点"。文化特征就在于对它对人本身的关注，对人尊严的强调，对人价值的肯定。正是由于文化和体育都把人作为核心，都关注人，使得文化与体育间的联系的建立有了共同的基础，成为解构学校体育的依据。从文化的视野审视学校体育应以人的全面的主体内的规定性为圆点来阐释学校体育。

文化源于人的存在，故此，体育根本的圆点只在于人的本身。学校体育以具体的、现实的人为对象，就是要以人为本，直面人的生命，关怀人的生命，提高人的生命。学校体育的完整功能应当是德、真、善、美的统一。学校体育研究的重要任务就是否定业已存在的对人的生命活动的文化意向已经成为阻碍和束缚的特例、教条与框框，凸显以人为本、以人为中心、以人为目的的人本主义理论，注重对人性的认知与掌握人性特点，尊重人权、崇尚人权（其中包括生命权、身体权、健康权、休息权、工作权等）、坚持人道。学校体育只有忠实于人的生命存在，只有从人类的这种本性出发，才会是健全的、进步的和生机勃勃的。因此，可以说文化与体育间赖以建立的基础是人，无论是文化，还是体育，它们的核心都在于对人的关注。

从学校的角度看，学校体育的本质是一种培养人的活动，学校体育的价值和意义是要靠人来"填充"的。丧失了人，学校体育就丧失了自己的根基，也就必然导致体育本质的遮蔽。任何偏离人的体育都不是真正的体育。因此，学校体育领域一切行动的展开，其依据、标准和最终要达到的目标都是人，可以说离开了人便无所谓体育了，人于是顺理成章地成了学校体育的核心。学校体育的文化视野，更有助于整体性体育探索，从而促使人的全面和谐发展，促成人的潜能发挥。这正是体育教育的意义所在。

体育对人的发展特别是身体的发育具有特殊意义。尤特纳在1964年出版的著作《古代身体文化》中指出，"身体文化"是包括从身体涂油剂、颜料、摄取的营养和入浴的设施以及运动用具到身体训练为止的"身体"的各种文化现象的总和。可以看出，在尤特纳那里，不仅体育锻炼、营养等属于身体文化，而且描眉、涂口红、发型等乃至于中国辛亥革命之前的女人缠足都是身体文化现象。这里应当指出的是，我们通常所使用的文化概念是与身体文化有所区别的。通常的文化概念偏重于物质—精神层面，而身体文化概念则是以身体为中心的，它凸显了身体在这种文化中的地位。这与中国古代百家争鸣时期"杨朱贵体"的观念似乎是相通的。从这里我们可以看出，"身体文化"概念大于"身体教育（体育）"概念，而"身体教育（体育）"又大于"身体练习"。身体文化潜在地影响着身体，而体育则积极主动地影响着身体的正常发育和健康成长。

《奥林匹克宪章》明确指出："奥林匹克主义是增强体质、意志和精神并使之全面发展的一种人生哲学。它谋求把体育运动与文化和教育融为一体。"顾拜旦指出："奥林匹克理想在我们的心目中是一种强烈身体文化概念，它一部分建立于绅士精神——你们喜欢称之为'费厄泼赖'，另一部分建立于对优美和文雅的美学概念。我不认为古代（奥运）就缺乏这种理想。"1929年，顾拜旦曾在批判禁欲主义时说，奥林匹克主义是肉体与灵魂兄弟关系的学说，而禁欲主义是肉体与灵魂敌对关系的学说。[1]他早在1894年巴黎国际体育代表大会上就说过："人毕竟不是两个部分——肉体和灵魂，而是三个部分——肉体、精神和品质，品质主要不是由精神而主要是由肉体形成的。"这和古希腊哲学家提倡的"德智皆寓于体"的教育原则是一致的。可见作为"伟大人文主义者"的顾拜旦主要是主张奥林匹克教育应教导人们通过身体及精神的锻炼达到个人的最佳效果。

近来在学校体育中出现的"技术教学观""竞技体育观""增强体质观"，都是机械论在学校教育中的反映。它们从根本上把文化当成一种死物而非一种"超机体"——一种静态的、客观实体的存在，它们将课程作为文化传承的工具，使课程置于"文化筐"的地位，造成了课程自身的文化性缺失，使学校体育失去了应有的文化底蕴和丰富的主体意义，这是十分片面且有害的。因此，在谈论体育的价值问题时人们首先应该想到的是体育的目的，尤其是学校体育的本质，而不应将体育的价值等同于体育的功能。而学校体育的目的应是把培养什么样的人作为自己的理想追求，它是对所培养的人的质量规格的总要求，也代表着各级各类学校具备培养目标的总体方向。马克思主义认为，教育就是人的

---

[1] 梁庆刚，雷秀红.高校体育与奥林匹克思想体系[J].山西高等学校社会科学学报，2013（11）：104-105.

再生产以达到人的本质的复归。教育的独特性，就在于它的本质特征——育人性；而教育的独立性是指教育作为一个独特的文化活动，它对文化的保存与发展是一个积极主动与更新创造的过程。学校体育作为一种有目的培养人的活动，总是有一定的基本追求的。文化视野下的学校体育必须建立在对人性的深刻理解和对人的需要的充分尊重上，必须尊重人的本性，尊重人的需要，并应当对人的正当合理的需要产生积极的回应。

体育教育的本质就在于它的根本特征，即它是一种培养人的活动。体育价值就在于体育作为一种特殊的人类活动，它对人的培养与发展的现实与理想状态的追求，也就是说，体育所培养的人首先应该是现实的人，这是体育价值的基本意义。体育的文化价值是指体育作为教育的重要组成部分，它是一种培养人的专门活动，它必须通过文化促使人的身心和谐发展，通过文化进一步挖掘人的知识及技能的潜力，陶冶人的情操，增强人的道德自律性、身心健康性，从而提高人的总体素质，达到人的全面和谐与充分自由的发展，即马克思所言的对人的本质的全面占有或本质回归。在确定学校体育的价值过程中，我们既不能将价值功能化，也不可将文化与体育分割开来、使之对立起来。体育的文化价值能提升人的境界、陶冶人的心灵、净化并激发人的精神，以促进主体的人的知、情、意的全面发展和主体人格的形成、稳定与提升。只有注重对体育本体和内在价值及其文化价值的研究，体育教育才会具有生机和活力。

人首先是一种理性的动物，理性是人们的精神的最高层次，"求知"是理性的根本属性。正因为这样，亚里士多德在其哲学名著《形而上学》中头一句话就写道："求知识人类的本性。"所谓"求知"乃是人对世界的知识性与理性的追求，它与认知内涵是统一的；人也是一种感情的动物，情感是人们心理因素的核心部分。所谓情感需要，就是人对积极、愉悦情感的渴望和追求以及对消除忧郁情感的克服和消解，是指"人们在社会实践和社会交往过程中对客观对象产生的强烈的心理反应和要求，如爱、憎、喜、怒、哀、乐等。情感对象可以是人，也可以是物（各种自然景观、动植物，以及人所创造的一切事物），但主要是人"。情感需要同生存需要一样，是每个人都不可缺少的基本需要。一旦失去感情交流，不能满足情感需要，人就会感到心理上的孤独和痛苦。体育运动是一种极富感情色彩的活动，它是人们高级情感的产物，是人类高级情感的发生器。通过体育活动能丰富充实人的情感生活，使人们在活动中产生积极、愉悦的情感；人还是一种有意志的动物，意志是人们所特有的心理现象。所谓意志，就是人们追求某种目的和理想是所表现出来的果断勇敢、自制和不屈不挠等精神。意志需要，就是人对良好品质的需要。鲁迅先生在《最先与最后》一文中说过："我们看过运动会时，常常这样想：优胜者固然可敬，但那些落后的仍非跑到终点不止的竞技者，和见了这些竞技者而萧然不小的看客，乃正是中国将来的脊梁。"这种竞技者最重要的品质就是意志品质。积极健康的意志品质有如下特点，即自觉性、果断性、坚韧性、自制性。显而易见，体育作为一种强力的运动，需要参与者具有这些优秀的意志品质。而恰恰又因为体育是一种强力的运动，会对个体意志品质的培养起到独特的作用。体育的魅力之一就在于它体现了人类意志力的能量。体育教育必须承担起磨炼学生意志的使命与责任。桑新民等人在其《教学哲学的对话》中涉及现代体育的有关问题时说：现代教育很需要一点斯巴达教育的精神，就是强调体育训练，加强身心磨炼……因此，唯有进行强有力的体育运动，让学生心智"苦"、筋骨"苦"，不断体验欢乐与痛苦，成功与失败，其坚忍不拔的意志和信念才会得以养成，也才能承担起"天降大任"。

  总之，人是自然、社会、精神三位一体的存在，因而时时具有自然、社会、精神的三种不同的需要，体育要真正全面地实现它在满足人的需要上的全部价值，就必须不断满足人们在自然、社会、精神等方面的需要。

第五章　学校体育的现代使命

第一节　学校体育教学与创新教育

当前，教学改革已经渗透到了各学科的各环节中，就体育课而言，同样也在探索教法的创新。所谓创新教育，就是根据有关创造性发展的原理，运用科学性、艺术性的教学方法，培养学生的创造意识、创造能力和健康个性，培养创造性人才的一种新型教学方法。实践表明，一节体育课，从准备、实施到课后小结等环节都可以体现创新改革。

改革开放以来，随着体育机制的不断健全和完善，体育教育迅速发展，体育改革方兴未艾，但体育理论和实践还不尽如人意。最近一些监测结果表明：（1）我国青少年耐力和肺活量指标下降；（2）7~22岁所有年龄组男生的平均身高均低于日本男生，平均低1.96厘米，其中7~14岁低2.28厘米；（3）13~18岁青少年随着年龄的增大，运动时间不断减少，运动严重不足，一些常见疾病如近视眼、沙眼和肥胖症，不但发病率居高不下，而且仍在上升，甚至出现身体畸形、成人病儿童化等现象；（4）中学生中大多数体育知识匮乏，75%的学生没有体育特长，90%的学生没有自觉锻炼身体的习惯。因此，改革体育课堂完成素质教育是时代赋予体育教学的重任。

进行创新教育，主要培养学生的创新意识、创造精神，逐步培养学生的创造力，其核心是培养学生的创新精神。那么怎样才能让创新精神走进体育课堂呢？

一、以转变观念为先导

教育的改革,首先是教育思想和教育观念的改变。思想是行动的先导,教育观念支配着教师的教育行为。要在体育课中开展创新教育,必须牢固树立素质教育的质量观,从转变观念入手,以培养学生的创新精神和实践能力为重点,摒弃机械重复、单调的教学方式,代之以充满情趣的创造性学习,把它作为开发人创造潜能的重要课程。因此,体育教育工作者要紧跟形势,转变旧的教育观,改变多年习以为常的、陈旧的教学思想、方法和习惯,接受新的思想,勇于实践,开拓新的教学教育思路,努力实现"三个转变"和"四个转向"。"三个转变":(1)教师要转变角色,改"一言堂"为"群言堂",变只管传递知识为更多地激励学生思考的教学;(2)变教师以我为主的"权威型"为"民主型"的教学,树立师生平等、民主观念,使学生从"学会"变为"会学";(3)变教师"讲解型"教学为"情感型"教学,使体育课由原来的学生认为"要我学"变为"我要学"。"四个转向":(1)由"教"转向"导",突出教师主导作用和学生主体作用下的双边协调活动,帮助学生学习健身运动的机理和探讨适合本人体质的锻炼身体方法。(2)由单纯追求升学、达标率和比赛服务转向引导学生树立健康第一的思想及增强体质的意识和能力。(3)教学着眼点由"少数"转向"多数"。由过去专注于培养少数体育尖子的教学转向提高全体学生的身心素质水平的教学。(4)评价学生的依据由"运动技术水平"转向学生身心素质发展水平和综合运动能力的评价。

二、加强心理素质培养，鼓励创新

1. 培养学生的自信心

有些学生胆子小，做事怕风险，遇事爱靠后；还有些学生体育水平与其他学生有所差异，这些学生常常瞻前顾后、优柔寡断，怕难为情，容易紧张，甚至不敢练习，敷衍了事。针对这种情况，教师应采取相应的心理教育方法和教学手段。如在教学中经常向他们提一些简单的问题让他们解答，以锻炼其勇气；在练习时尽量把他们排在靠前一些，且降低动作难度，加强个别辅导，促使他们先做、敢做，锻炼胆量，获得成功体验，培养勇敢、果断的心理品质。

2. 培养学生的想象能力

创新离不开想象。要培养学生的创新能力，就必须重视学生想象能力的培养。培养学生的想象能力可以采取以下几种形式：

（1）用准确优美的动作示范、生动形象的语言描述，引导学生想象。如在教学"投掷小沙包"时，用"投时身体似弯弓，沙包空中如彩虹"的形象语言描述，再用优美的动作示范，通过直观观察的语言启发，使学生初步感知动作表象，建立理念与实践之间的联系。由于直观感知、记忆，头脑中储存有多种多样的表象，便于展开联想的想象。

（2）利用原型启发，诱导思考，促进学生想象。原型启发是指从事物的相似和类比中看到或发现解决问题的途径。人类科学技术发展历史证明：应用原型启发解决问题，是引发创造、发明的主要思维方法。让学生从事物的相似属性中悟出动作的本质，探求动作的科学规律，发展他们的想象能力。

3. 培养学生的意志力

现在的孩子在家中是整个家庭的中心，吃得好穿得好，吃不了苦，受不了累，意志品质薄弱。对于这类学生，首先要加强思想教育，其次开展勤苦锻炼，利用气候条件、地理环境，增加练习的数量和强度等因素，培养学生在条件艰苦的环境里勇于拼搏、积极进取的精神和坚强的意志品质。

4. 培养学生的竞争意识

学生普遍喜爱体育活动，更喜欢体育比赛。在体育课上学生一听说要比赛，马上就摩拳擦掌，跃跃欲试，兴奋无比。在体育教学中，要组织好多种形式和类型的竞赛活动，根据学生的实际情况选用多种比赛方式，做好赛前动员工作，使学生树立敢拼的决心和信心，让学生体验胜利与失败的情感，激发学生树立无高不可攀、无坚不可摧的进取精神，培养学生的竞争意识。

三、创新教学的多样性

1. 精选教材

体育教材是体育教学的中心，我们需要的是适应学生和社会发展的教材，而不是只在理论与逻辑上讲得通的教材，而我们现在所使用的教材有许多是从体育院校教材中简化而来的。体育课为了配合"达标"测验和升学考试，只能围绕这些相对单调、乏味的项目进行日复一日的练习、测验，但学生不是专业运动员，这些枯燥乏味的项目训练，肯定不能使中学生感受到上体育课及从事体育活动的快乐。运动学专家也认为，不同年龄的孩子选择不同强度的锻炼项目，才能在运动中较好地进行心理锻炼。因此，要从培养学生创新精神和实践能力出发，精选一些适应学生主体条件和各地方特点的教材，降低体育教材的难度，使不同层次的学生对体育运动都充满信心。

2. 改变教学模式

多年以来，体育学科教学无论是制定教学目标、设计教学方法，还是在课堂上进行教学活动，都自觉不自觉地把注意力集中在知识教学目标上，而忽视培养能力、态度和创新精神。在体育课上往往是学生在教师的"指使"下，整齐划一地被动表演，几乎成了跟练的练习机器或动作演员，形成了千篇一律的体育课堂教学模式。学生处于被动状态，与当前的素质教育不相适应，不利于培养学生的创新精神，所以要真正使体育课堂教学培养学生的创新能力，必须立足于素质教育，构成一套思维活跃、具有创新功能的体育教学模式，鼓励学生在学习实践中"发现"、去"超越"，注重在实践中探索创新。

3. 采用多种教学方法和教学手段

随着改革的不断深入，学生的社会需求，以及教师的教学方法手段也应追求多样化。在教学中有机结合，灵活运用多种教学方法，如采用情景教学、游戏教学、音乐舞蹈等贯穿整个教学过程，同时渗透环境教育并且涉及其他各学科内容，就会取得意想不到的教学效果。

运用现代化的教学手段，如电化理论教学，组织学生看有关录像、电影、体育比赛，学习体育明星，回顾我国体育发展史等，对陶冶学生的性情、激发学生的情感都有好处。

总之，学生创新能力的培养并不是一朝一夕的事情，它需要一个长期的过程。学生的创新不论怎样描述它，不论在多大程度上把它看成是一种内在、常规的活动结果，都带有不确定的属性。不同的学生的创新过程是不同的、异样的、多样性的，我们需要突破传统教学模式，解放思想，拓宽思路，让创新精神走进体育课堂，走进新课程。

第二节　学校体育教学培养德才兼备人才的途径

体育教学作为素质教育的重要组成部分，逐渐受到人们的认可和重视，增强学生身体的素质，促进学生全面发展是社会、学校、家长和教师的共同愿望。作为一名小学体育教师，要贯彻落实新课程改革精神，在体育教学中用高尚的情操、渊博的知识、健美的体魄、标准的运作、优美的示范、务实的作风、敬业的精神，影响和带动学生积极主动地参与各种体育运动，增强运动信心，锤炼强健体魄，使他们成为德才兼备的人才。[1]

教师要创新教学策略，改进教学方法，在引导学生积极参加体育运动，培养积极心态的同时，更要注重对学生的言行举止进行规范，让学生从小养成遵守校纪校规、队列纪律的习惯，在参与体育运动中做到令行禁止，在参与集体运动中培养团队精神，在体育比赛中培养顽强意志，促进学生成长成才，推进素质教育教学的进程。笔者多年来一直从事小学体育教学工作，注重在体育教学中渗透思想品德教育，现介绍一下我的经验。

一、以生为本，关爱备至，在亲师信道中培养学生的体育情结

教学是一种活动，更是一种艺术。体育教学中，教师要走进学生中间，俯下身子与学生进行对话交流，了解掌握学生的体育情感、体育基础和运动能力，对学生进行有针对性的引导和指导，梳理、整合学生对体育运动的意见和建议，对一些有益于体育运动开展、促进学生成长进步的意见和建议在教学中加以利用，使体育教学更能切合学生的身心发展实际，更能满足学生的运动实际，营造亲师信道的教学氛围，调动和激发学生参与体育运动的热情，让学生积极主

---

[1]　王林志.在体育教学中渗透德育培养德才兼备人才[J].成才之路，2013（30）：25.

动地参与各种体育活动，锻炼身体、磨砺意志。体育教学在风、雪、雨天时不便课外运动，笔者运用多媒体为学生播放一些有关体育运动和爱国、英模、科技等方面的影片，将女排精神、奥运会的盛况展示在学生面前，用运动员刻苦训练、努力拼搏的精神，激发学生自信心和自豪感，引导学生在进行体育锻炼时也要向运动员们学习，勇敢顽强，认真锻炼，不畏艰苦，将来也要为国争光，为校争誉；在此基础上，给学生播放《开国大典》《飞船升空》《安全讲座》等影视资料，对学生进行爱科学、爱社会、爱祖国的教育，增强学生的遵章守纪观念和道路交通安全意识；引导学生尊重父母、尊重老师、尊重身边所有的人，要团结同学，互敬互爱，互帮互助。实践证明，在体育教学中渗透思想品德教育，可以培养学生形成热爱祖国、遵守纪律、团结奋进的集体主义精神，养成尊重他人、诚实谦虚、文明有礼的道德品质。

教师要从学生的成长进步、终身发展出发，注重创新教学策略，更新教学理念，把德育渗透到体育教学的全过程，利用体育教学丰富的教育因素，加强对学生的德育，让学生在参与体育锻炼中学到体育知识、掌握基本技能的同时受到思想品德教育，积极主动地参与体育教学与活动之中，全力开创出体育教学的新局面。如笔者在组织学生进行垒球投掷课训练时，为了让学生掌握原地投掷垒球的一些方法，笔者在讲清投掷方法并示范后，组织学生进行练习，让学生学习原地投掷垒球的基本动作，发展学生的投掷能力及跳跃能力，培养他们良好的合作精神与创新意识。体育教学中，球类、田径、游戏等教学过程中都蕴含着集体主义教育内容，教师在组织教学时，要适当地对学生进行集体观念教育，让学生在参与运动中建树团队意识，维护集体荣誉，培养学生团结友爱、互相帮助、热爱集体、机智果断、遵守规则等良好的道德品质，增强学生的团队认同感、集体荣誉感、社会责任感。笔者在队列、队形教学中，注意观察每一位学生的行为，对在队列、队形中表现不好的同学进行批评教育，指出他们不良的表现会造成整个队形不整齐，影响全局，并教育学生要刻苦练习，遵守纪律，要有集体观念，动作迅速准确、协调一致，帮助他们养成严格的组织纪律性。

二、整合资源，灵活施教，在参与竞争中磨砺学生的意志品质

教师要整合利用教学资源，拓宽体育教学渠道，拓展体育教学空间，抓住一切有利时机，培养学生的竞争意识，磨砺学生的意志品质。如在组织学生进行球类项目训练中，教师可以根据学生的身体素质、运动能力的不同，把学生分成几个组，兼顾每个小组的实力均衡，组织学生轮流、淘汰比赛，让学生在比赛中尽全力战胜对手，培养学生参与竞争、积极向上的意志品质。在组织学生进行仰卧起坐、跳短绳等比赛时，让学生互相数数，教育学生要诚实做人，不说谎话；在田径教学中，教师要为学生阐述"极点"这一生理现象，在他们练习出现"极点"现象时，鼓励他们以顽强意志去战胜"极点"，培养学生坚韧不拔、勇于接受挑战、吃苦耐劳的精神，不断开发学生的潜能和智力。教学中，教师要从学生的健康成长、身心发展出发，为学生创造一种能"展示自我，发挥才能"的良好环境，让学生以自己的方式自由发挥，尝试成功或失败的滋味。当学生取得成功时，教师要及时给予鼓励，投去赞赏的目光，并提出更高、更严、更难的目标，让他们迎接新的挑战，使他们在练习中更加刻苦、认真。体育教学主要以操场为活动场所，有时要准备大量的场地器材，需要对学生进行热爱劳动、爱护公物的教育，引导学生自觉搬运器材，爱护公共财物，不断提升学生集体主义观念。

综上所述，教师要发挥自身的主导作用，在教学中有机渗透思想品德教育，以自身高尚的道德情操影响和带动学生全身心地参与体育运动，在激烈的对抗、比赛和训练中形成积极向上、顽强拼搏的意志品质，放大体育教学的功能和效用。

第三节 现代社会发展对学校体育教学的期望和要求

21世纪是知识经济占国际经济主导地位的世纪,为此,世界各国都在调整和改革自己的教育,以培养更适应知识经济时代社会发展需要的人才。学校体育作为学校建议的重要组成部分,也肩负着培养各领域专门人才身体素质的历史重任。当今现代社会发展呈现出的经济发展可持续化、资产投入无形化、信息传递网络化、学习化社会和教育终身化以及生活休闲化等基本特征对学校的教育改革和发展、对人才的培养的方针和途径,以及如何适应未来社会发展与社会生活需要等提出新的要求,这些恰恰也是我们学校体育所面临的崭新的、重要的迫切需要解决的问题。现代社会发展对学校体育的要求体现在以下方面:

一、提高学生的身体素质

现代社会由于生产方式的改变,从事脑力劳动的人将会日益增多,从事体力劳动的人将日益减少,精神紧张取代了高度的肌肉紧张,构成了现代社会生产的新特点。学生由于长期负担过重造成的精神紧张,对心脏的损害较成年人更为严重。另外,现代生活方式的改变,使人们在日常生活中的体力活动大大减少,加之城市交通和通讯设备的现代化,减少了人们走路的机会。随着生活的富裕,食物中的高脂肪、高蛋白成分的增加使人们每天从食物中摄取的热量越来越多,肥胖人越来越多,尤其是中小学生肥胖率近几年呈现增长的趋势,这已经成为大、中城市学校卫生保健的重要问题之一。这说明,现代社会的发展既给人们带来了美好和幸福,也给人们带来了负面的影响,体力活动减少,缺乏运动,营养过剩,使现代文明病急剧增加。我国教育部在落实《关于深化体育改革，全面推进素质教育的决定》中指出，"健康体魄是青少年为祖国和人们服务的前提，是中华民族旺盛生命力的体现，学校体育要树立健康第一的指导思想。学校体育是增进健康、增强体质的积极手段，也是防治现代社会文明病的最积极、最有效的方法之一。"学校体育应为提高学生的身体素质服务，以适应现代社会对人的身体所提出的越来越高的要求。

二、提高学生的心理素质和抗挫折能力

随着现代社会工作、生活节奏的加快，人际间的竞争日趋增强，人们的精神、生活压力越来越大，心理疾病发生的可能性不断在增加。世界卫生组织的专家认为：从疾病的发病史看，人类已经从传染病时代、躯体疾病时代进入精神疾病时代。当今，我国青少年多是独生子女，心理素质和抗挫折能力较差，提高青少年一代的心理素质，是学校教育各个方面、各个学科都应完成的共同任务。学校体育队培养青少年的心理素质和抗挫折能力有着重要作用，过去，人们只看到体育运动的健身作用，却忽略了体育运动对人的心理健康所起的作用。我国学校体育也在传统观念的影响下，过分强调生物学指标，而忽视或压抑了学生个性心理品质的培育和发展。《中共中央国务院关于与加强青少年体育增强青少年体质的意见》中明确指出："体育锻炼和体育运动，是加强爱国主义和集体主义教育、磨炼坚强意志、培养良好品德的重要途径，是促进青少年全面发展的重要方式。"因此，我们应该充分利用体育学科所具备的独特的方式教会学生如何对待困难和挫折，如何调整自己的心态，努力完成既定的目标，发挥体育学科独特的培养人心理品质的特殊作用。无意识的人是不会有所作为的，同时，人是社会动物，必须在群体中体现自身价值，而且只有将个体的力量联合起来才能实现工作目标，也才能最大限度地发挥个体的潜能。体育竞赛对培养学生的竞争意识和合作精神的作用是显而易见的，因为体育竞赛是最直接、

毫无掩饰的竞赛方式，呼唤着人的本质力量。在体育竞赛中，可以酝酿一种紧张的精神氛围，激发学生对抗的热忱，充分调动和发挥学生的潜力，并在机会均等的条件下遵守规则，对学生个体的心理产生积极的影响，进而对培养学生的竞争意识产生潜移默化的巨大影响。另外，体育运动中人与人之间还会经常发生频繁的合作，一场球赛、一个游戏、一次接力跑，如果同伴之间没有合作意识，团队就很难取得胜利。因此，学校体育要充分利用体育教学的这一特殊形式来提高学生的竞争意识和合作精神，以便让学生能在未来激烈的社会竞争中立于不败之地。

三、提高学生的社会适应能力

在现代社会中，人的社会适应能力越来越受到教育者的关注，因为适应能力高低对于个人的生活和工作的影响，丝毫不逊于身体健康状况和知识掌握状况的影响。现实生活中，学生在社会适应方面出现的问题相当多。先进的社会生活、紧张的节奏和残酷的竞争要求人们对身处的环境要有高度的适应性，"物竞天择，适者生存"是自然界的法则，同样也适用于我们人类。学生的社会适应能力可以通过多种手段发展，但学校体育是其中最重要的途径之一。这是因为大多数体育项目只能在"社会"环境即与他人发生联系的条件下才能进行。学校体育教学活动的过程中，参加者往往又要根据运动需要担任某种角色，并按照一定的体育规则和体育道德标准进行体育活动，在这种体育活动环境中，学生可以用更直接、主动和集中的方式接触、体验近似于社会上所能遭遇到的各种情景，例如竞争、冲突、分享、合作、共处、避让、包容、角色和角色转换、批评、赞扬、成功、失败等，而这实际即是一种社会活动的缩影，是学生最早接触的社交场所，这对学生尽早地接触社会，提高学生的社交能力、独立工作的能力，有着积极的作用；对提高社会适应能力方面具有不可替代的特殊功能。

第四节 人文与科学融合的学校体育教学思想

体育活动是人类活动中非常重要的一部分,可以促进人的身体全面健康发展,可以满足人们强大的精神追求,进而推动社会的发展和进步。随着社会的大幅度进步和发展,以及人们生活水平的大幅度提升以及人们对健康认识水平的进一步提高,信息和知识经济时代的到来,致使整个社会对学校体育教育提出的要求是更高、更新,现代大学体育教学持续健康发展的核心就是体育人文精神。在大学体育教育中融入以人为本的教育理念,基于大学生的实际客观情况,制订科学的体育教学计划,将大学生作为教学的主体,促进大学生的主观能动性充分发挥,使大学生的求知欲得到充分激发,使大学生的身体素质得到大幅度提高,促进大学生掌握进行日常身体锻炼的基本体育技能和技术,使他们能够形成优良的体育锻炼习惯,使体育课堂教学能够真正地服务于大学生健康成长和发展。在原始的学校体育教育中对人文体育价值的重视程度远远不足,以及在体育实践中也缺乏对大学生进行人文体育价值方面的培养,导致了学校体育健康教育出现了很大程度上的偏差,也忽视了引导大学生对人文体育精神进行深入的理解和领会,这显然对大学生培养和保持体育健身习惯是十分不利的。

一、在大学体育教育中对大学生进行体育人文精神培育的必要性

目前,大学生一般都存在终身体育意识不强、还不能充分认识到参与体育活动所承载的社会意义等问题,具体来说其实质就是人文体育精神的缺失问题。多年来,大学体育教学深受陈旧体育教学观念的负面影响,在陈旧的大学体育教学活动中,体育老师被作为教学的中心,单方面强调老师的主导地位,弱化

了学生的主体作用，体育教学模式十分单一，仅是课堂教学，利用这种教学模式教学，教学是向学生灌输运动技能技术的过程，而测试则是检测学生掌握运动技能水平的手段，学生对体育的认识理解是十分狭隘的，使受教育者成为掌握体育技能技术的机器。由于以前体育教学模式忽视了对大学生进行主体体育意识的培养和发展，大部分学生的体育文化素养往往是散乱的，更有甚者相互间还是矛盾的，很多学生根本就没思考如何利用广泛的体育学习，力求自己发展、自己完善，培训和提升自己的社会适应能力和水平，致使大学体育教学几乎将人文精神完全抛弃了，淡化了人本身对体育精神世界的追求，严重忽视了对大学生进行精神培养以及完善人格方面的培养。为了提高大学生的身体基本素质，促使大学生的身心都健康全面发展，促进大学体育教学朝着健康和谐的方向发展，培育大学生的人文精神和人文素质成为大的时代趋势。体育教学要充分体现以人为本的思想，只有帮助大学生深刻了解参加体育活动的最高价值所在，大学生才能主动积极地参与到体育中去，从而给他们今后的工作、学习带来无穷的益处。

二、注重在大学体育教育中融入人文体育精神

在大学体育教学过程中加强对大学体育老师进行人文体育精神方面的积极影响。在目前的大学体育老师当中，还有部分体育老师在人文素养上存在着比较严重的问题。究其原因，很大程度就在于我国的大学体育教育课程主要以技术性为主，几乎都是在技术层面上来确立教学任务，侧重于运动的结果和成绩，在设置课程方面，人文知识所占的比重极小。因此，为提升素质教育和健康教育的实际需要，大学体育老师的人文修养的有效提升是实现上述任务的基本前提，也是十分迫切和重要的。另外，在大学体育教育中，课程的开设以及评价都是技能技术为主，侧重于运动的结果和成绩，人文知识所占的比重极小。然

而，课程的设置关系到体育教育的目标和教学内容的确立，是老师和学生之间联系的纽带。

大学体育教育的课程设置要充分体现多样化和个性化，社会经济高速发展到今天，已经有了相当的基础，大学教育也成了今天社会所非常关注的热点问题。体育是学校教育中非常重要的组成之一，设置体育课程是大学教育中针对学生实施体育教育的重要方式，也是培养和提高大学生身心素质必不可少的基础课程。早在 2002 年我国就发布了《全国普通高等学校体育课程教学指导纲要》，在其中虽然提出了全新的课程理念、课程目标，但对于运动项目的分类和课程模式的建设方面并没有做出具体的规定，因此，各个大学都可以视本校的具体校情而自主设置体育课程，在本项工作中努力将本校的特色和风格充分展现出来，建构出适合本校校情的独特的本校体育课程模式。人文体育理念指导下设置大学体育课程，首先必须要将以有利于大学生身心发展作为课程设置的根本，要满足所有大学生的不尽相同的需求，力求尊重学生的差异，培养和提高大学生的社会生存能力，力求促使所有大学生都能在原本的基础之上获得自由、充分、和谐、健康的全面发展，力求设置的课程能够反映出鲜明的个性培养。随着经济化的进一步发展，国家对大学体育教育的投入也随之加大，大学体育中的硬件设施水平也得到了大幅度的提升，大学体育教育的主要教学模式就开始向满足不同学生的需求，可以让学生按各自有兴趣的体育项目开展学习的方向发展了。这种开放式的教学模式，既给大学生提供了开放的学习环境，使他们的学习空间有了较大幅度的提高，使他们学习的主动性和自主性得到了充分发挥，而且学生还可以按照个人喜好、专业特点、设置的内容以及个人的实际需求而选择体育项目，使其更能有效地全身心地投入体育学习当中去。其次，在实施多样化设置体育课程时，还要使之遵循大学生的爱好兴趣和他们的身心发展规律。在满足学校教育的整体要求以及体育课程的本身规律的前提下，可以面向所有大学生设置各个体育项目的低级班和提高班，使体育课程在整体上有一定程度的灵活性和弹性，不那么死板，以期使不同水平、不同层次、不同兴趣的大学生都能得到满足。在具体的教学活动中，将体育、保健、安全的技能和知识传授给学生，使他们的个性得到充分的发展，最终促成学生的身心都能得到健康发展。设置多样化的体育课程，使大学生的体育主观能动性得到充分的激发和调动，使之能够在快乐中进行学习，也可以在其中不自觉地形成自己的体育价值观。

在大学体育教育中，针对大学生进行人文体育精神方面的培养，不是简单的教与学的问题，在实施教学过程中需要相应环境和气氛的营造过程。在很大程度上，大学生形成人文体育精神并不都是靠课堂教学或考试的手段，而是靠学生自身在大量的课外体育活动中对体育本身的感悟和体验。这就需要学校要具备必要的体育教育基础设备设施，可以从不同角度开展大量的体育运动，满足大量的不一样需求的大学生，以保证对大学生进行有针对性地开展人文体育精神的培养和提高。大学体育课程改革的最大变化是逐步从生物体育转到了人文体育观，面向所有学生，大力彰显大学体育的休闲娱乐性和健身性，进一步培养和提高大学生的体育理念和体育能力；也进一步培养大学生的自主创新精神，使大学生的人格更加完善，使现代大学生的身心全面健康发展，为他们能在未来很好地适应全球化、多样化的社会生活打下坚实基础。

第六章 学校体育教学目标

第一节 体育教学目标的概念

  体育教学目标是体育课程的亚目标，它是体育教学中师生预期达到的教学结果和标准。我国通常称为教学任务，苏联称为教学职能。在西方，一般把教学目标分为终极目标、行为目标和作业目标。教学终极目标是一种计划目标，具有假设性；行为目标和作业目标是一种度量目标，具有实践性。因而表述得当的教学目标应具有两个特征：它必须详细说明目标内容，即说明做什么和如何做（知识、方法等）；它应当用特定的术语描述教学后学生应能做（或产生）以前所不能做的事，即教学后所要达到的结果的详细规格。

  在这里需要说明的是，我国通常所说的教学任务与现在所说的教学目标虽然都属于同一个范畴，但是又有某些差别。

  （1）教学任务是以教师为主体的，而教学目标则是在一定教学时间内各种教学活动行为要达到的标准和境界，它是以学生为主体的。

  （2）教学任务是比较笼统的，分不出阶段和层次。而教学目标的描述由于运用了具体的行为动词，因而对教学过程的阶段、深度、层次有明显的限定。

  （3）由于教学任务是教师对教学的期望，缺乏量和质的规定性，观察和测量都难以进行，其结果难以评价。教学目标则将教学任务具体化和量化，可观察、可测量，可作为评价的依据。

（4）教学任务一般为教师所掌握，而教学目标师生都要明确和掌握，学生可以根据教学目标进行自我学习和自我检测，有利于提高学生的学习主动性和学习兴趣。

因此，笔者认为采用教学目标这个概念比采用教学任务这个概念更具有实践意义。

第二节 体育教学目标的特点

一、体育教学目标的导向性

体育教学目标是体育教学活动重要的参照标准，从某种意义上来说，它是体育教学的方向，教学设计、教学过程的组织与实施、教学评价等都要受到它的制约。当教学目标的定位合理、教学活动与教学目标趋于一致时，教学容易获得良好的效果。当教学目标不符合客观实际的时候，以此为指向的教学活动所产生的结果就会出现偏差。体育教学目标的导向性是我们必须高度重视的一个显著特点。

二、体育教学目标的层次性

层次性主要体现在两个方面：一是体育教学目标是渐进式的，较低层次的目标可能是较高层次目标的分解或是具体化，也可以是较高层次目标的阶段目标，且较高层次的目标往往是以较低层次的目标作为基础或手段的。[1]如终身体育能力，它就是以体育知识、运动技能、锻炼习惯、健身方法等为基础的。二是教学目标是与学段密切相关的，体育教学贯穿学校教育始终，它所面对的是多个学生，而教学对象不同，具体的教学目标就肯定会有差异。在大学阶段，需要注重满足学生个体对体育的需求，进一步提高学生素质和培育终身体育能力，使个体需求和社会需求相结合。因此，体育教学目标是有层次的，它是由低级向高级呈梯级发展的。

---

[1] 赵佳.体育教学目标探析[J].体育风尚，2019（8）：178.

三、体育教学目标的系统性

体育教学目标是由认知目标、技能目标、情意目标、品格目标和方法目标等构成的整体,它们既相互联系,又各自拥有自己的地位和功能。虽然各自目标实现的时间和程度不一致,但它们总是直接或间接,即时或过后影响体育教学目标的达成,它们有机联系和相互促进,便能产生"整体大于各个部分总和"的效果,这是促进学生全面发展、构建良好素质的需求,也是素质教育的必然要求。

四、体育教学目标的灵活性

体育教学目标的灵活性是指体育教学目标的达成可以有一个适宜的调整空间。它有利于教师根据学生的身心发展水平、体育能力现状和体育教学及锻炼的相关条件等因素来开展教学工作,提出与学生基础和教学条件相适应的分类目标,从而充分调动学生的主观能动性,发挥他们的主体作用,使他们的发展更加符合客观实际,为健康个性的形成提供一个良好的外部环境,体现出以人为本的基本思想。

五、体育教学目标的检测性

体育教学目标既是教学活动追求的标准,也是衡量教学活动效果的标尺。运用教学目标的要求对学生认知、技能、情意、品格和方法等进行评价和比较,可以检测教学内容、教学方法、教学手段及教学环境等的选择与运用的效果,及时将这些检测信息反馈到教学活动中去,便可有效地改善教学过程,使教学效果不断得到优化。

第三节 体育教学目标的功能

教学目标具有多方面的功能,概括起来主要有三个,即激励功能、导向功能、标准功能。在体育教学中为使学生在不同的方向达到不同的目标,需要我们确立明确、具体、合理的教学目标。美国学者麦克唐纳曾指出,教育目标具有以下五项功能:一是明示教育进展的方向;二是选择理想的学习经验;三是界定教育计划的范围;四是提示教育计划的重点;五是作为教育评价的重要基础。体育教学目标的主要功能表现在以下几个方面:

一、对体育教学实践活动具有导向功能

教学目标用来指导特定时间内的教学实践活动,通常被教育理论家称为"教育活动的第一要素",根据所要完成的教学任务来确定合理的教学目标被认为是教学计划的首要环节。在体育教学活动中,如果有明确的教学目标,那么教学内容的选择和组织、教学方法的选择与运用乃至整个教学工作的开展,都可以围绕预定的教学目标进行。体育教学目标的导向作用具体表现为:体育教学目标能使体育教学活动避免陷入盲目的状态,从而有助于体育教学活动有序进行;体育教学目标能够使体育教学活动集中于有意义的方面,从而有助于积极结果的获得;体育教学目标能够提高体育教学活动的效率,使教学活动事半功倍。

二、激发学生的运动兴趣和学习兴趣

在体育教学过程中,体育教学目标的制定可以激发学生的学习动机和学生的

运动兴趣，使其努力达到这种目标，特别表现在以下三种情况下：首先，当学生对体育运动技能和运动知识学习的需要与体育教学目标相互吻合时，潜在学生内心的驱动力就会使学生产生极大的学习兴趣，投入到学习之中；其次，当体育教学目标与学生的兴趣一致时，这种目标将较明显地激发学生的学习兴趣；最后，当体育教学目标的难度适中时，就会发挥较大的激励作用。如果体育教学目标的难度太大，会使学生知难而退；如果难度太低，则缺少体育竞争带来的乐趣；难易适中最能激发学生积极的学习活动。所以在制定教学目标之前要对学生的基本情况做充分的了解，才能使教学目标与学生的实际情况相协调。

三、为评价教学质量提供评价标准

在体育教学过程中通常要对教学情况做出评价。教学目标为教学评价活动提供了准确的衡量标准。首先，在体育教学效果评价中，最重要的就是要评判体育教学活动在多大程度上达到了预期的教学目标。其次，在对体育教师授课质量评价和体育课程评价中，教学目标可作为评价标准的依据。由于教学目标在教学评价中具有标准功能，所以人们往往为了更好地进行教学评价而精心研究教学目标，如布卢姆的教育目标分类学主要是为进行教学评价而做出的教学目标分类。以往的教学评价以终结性评价为主，这种评价方法忽略了教学过程中的质量评价，在今后的评价和教学目标的制定中要使评价和教学目标的制定相互结合，并且注重过程性评价，这样学生的学习成果在每一个评价过程中都会有所体现。

第四节 体育教学目标的分类

教学目标的分类及其内容从来都是个见仁见智的问题，不同时期、不同国家、不同学者都有自己对体育教学目标分类的认识。

一、体育教学目标分类的基本概念

1. 三项基本任务

中华人民共和国成立以后直到2000年，我国中小学体育教学大纲中一直沿用"目的任务"的说法，直到2000年修订的过渡性体育与健康教学大纲中才开始使用"教学目标"一词。我国使用时间最长的说法当属体育教学的三项基本任务，即"全面锻炼学生的身体；掌握体育基础知识、基本技能和基本技术；向学生进行思想品德教育"。2000年修订的普通高中体育教学大纲把这三项基本任务正式改为三项教学总目标，和以前的三项基本任务相比，虽用词和表述不同，但基本含义和分类大体一致。

2. 五个学习领域与四个学习方面

2001年开始的基础教育课程改革中，新制定的体育课程标准把课程内容划分为五个学习领域，即运动参与、运动技能、身体健康、心理健康、社会适应等，并制定了一套从课程、领域到不同水平的详尽的目标体系。目标侧重于从学生行为取向的角度加以表述，更加强调从社会需求向学生需求的重心偏移，突出了对学生情感、态度、价值观的高度关注。2011年修订的体育课程标准把五个领域中的心理健康和社会适应合并，修改为运动参与、运动技能、身体健康、心理健康与社会适应等四个学习方面，更加突出强调体育课程的核心价值。

3. 认知、技能、情意

1956年，美国学者布卢姆出版了《教育目标分类学：认知领域》，将教育目标分为认知、情意和技能三个大的领域。这一观点刚开始并没有引起人们对它的太大注意。直到60年代初期，随着美国政府和公众对教育目标关注程度的提高，特别是克拉斯沃尔在1964年出版了《教育目标分类学：情意领域》之后，教育目标分类学才开始受到重视，认知、技能和情意领域的划分方法在美国教育界被广泛传播，并逐渐在全世界教育界传播开来。课改以来，我国的中小学教师，包括体育教师也开始了解并接受了这种分类方法。据笔者对体育教师说课稿、优秀教案评选参选教案和各级体育教学观摩课教案的考察，超过半数的教师采用"认知、技能、情意"这种目标分类方法。

4. 认知、情意、运动技能、增强体质

美国的海德洛特在布卢姆"认知、技能、情意"的分类基础上，把体育课程的学习目标明确划分为认知、情意、运动技能和增强体质四个方面。这一分类突出了体育课程的基本功能，强调了体育课程与其他课程的根本区别，得到更多学者的赞同。可惜很多体育教师只知布卢姆，不知海德洛特，人云亦云、照本宣科，教学目标制定时往往缺乏促进身体发展这个体育课程最基本的功能和目标取向。

5. 知识与技能、体能、情意

体育课改中，许多体育教师勇于创新，大胆实践，在教学目标制定时采用"知识与技能、体能、情意"的分类方式。陈明祥老师在《中小学体育课时教学目标撰写格式的思考》一文中对这一目标分类表示高度认同，认为这种分法内容全面、归类明确，符合体育学科的特点和教学规律；并认为每节体育实践课都要有发展体能的目标，这是由体育课程性质所决定的。

二、体育教学目标分类之我见

1."认知、技能、情意"的目标分类不适用体育教学

体育课程之所以能在学校教育中存在至今是基于它是学校课程体系中唯一具有促进学生身体发展功能的课程,它承载着全面发展教育方针中"体育"的重任。"体育"说白了,就是促进学生身体发展的教育。在某种意义上说,缺乏促进学生身体发展目标的体育课程,将失去在学校教育中存在的价值和意义。

2011年版《体育与健康课程标准》在第二部分"课程目标"中明确指出:"通过课程学习,学生将掌握体育与健康的基础知识、基本技能与方法,增强体能。"增强体能被明确列入课程总目标,身体健康被视为重要的学习方面和重要预期结果,因此,任何缺失了发展身体预期的教学目标分类都不适用体育与健康课程的教学。"认知、技能、情意"的目标分类虽然在我国中小学被广泛使用,但我们必须清楚,这种目标分类并非针对体育课程提出,它不符合我国体育课程的基本性质与价值。因此,这种缺乏促进学生身体发展的目标分类显然不适用体育教学的目标制定。

毋庸置疑,缺乏体能目标现象的发生与"认知技能情意"目标分类的影响有较大关系,对此我们必须保持高度清醒,绝不能人云亦云,舍弃体育课程的基本性质和核心价值。试想,如果学校教育中唯一担负促进学生身体发展重任的体育课程不能把增强体能作为目标去努力,体育教师不能在时间、师资、场地、器材等资源条件最有保证的体育课上分解落实课程目标,中国学生体能持续下降的趋势恐怕还会继续下去。

另外,虽然有的教师在教案中并不缺失体能目标,却把体能目标写到技能目标甚至情意目标名下,这种分类上的混淆则是不能容许的低级逻辑错误。

2. "知识与技能、体能、情意"的目标分类更符合体育课程的性质与特点

传统教学论认为教学活动具有教养、教育、发展等方面的职能。"教养"指的是使学生获得深刻而牢固的知识技能体系，是一个提高人的文化素养的概念。而"教育"指的是培养学生的品德，相当于过去体育教学大纲上所说的思想品德教育，从宏观教育的角度说是在各学科教学中都应该渗透的德育，按现在的理念更偏重于情意领域，或者是分布在"运动参与、心理健康与社会适应"等领域的那些情意、态度、价值观方面的内容。"发展"指的是促进学生智力和体力等方面的不断提升与成熟，具体到体育课程上讲，主要是促进学生身体的发展，即促进学生形态、机能的正常生长发育和体能的增强。

笔者认为，海德洛特关于认知、情意、运动技能和增强体质的分法，更加符合体育教学的性质、特点和教学的一般职能。但我们还可以把这种目标分类方法做进一步的归纳与修正。

首先，可以把认知与技能目标归为一类，因为它们同属于学习掌握知识技能这一"教养"的教学职能范畴。从心理学角度看，知识包括陈述性（事实性、描述性）知识和程序性（功能性、实践性）知识。有关动作技能的知识（动作方法、要点等）是关于"怎么做"的程序性知识，具有可意会却难以言传的隐性特点，学习动作技能的过程是一种通过身体运动适应内外环境的特殊认知过程。体育学习过程是一个通过身体练习掌握动作技能和增强体能的过程，而不是识记、背诵、复述等心智活动过程。因此，体育实践课的目标制定中可以把"认知与技能"目标侧重或简化为"技能"目标，而在教授理论知识的室内课的目标制定中，可以把其简略为"知识"或"认知"目标。

其次，考虑到"增强体质"目标的概念过于笼统和庞大，我们可以将它细化为更加具体的"体能"目标。现代"体能"的概念包括与健康有关和与运动

有关的体能，基本涵盖了人的形态、机能、素质等体质概念中的生理要素。体育教师应该根据教材特点与价值，有针对性地制定促进学生形态、机能和身体素质发展的目标。

情意目标较为复杂。北师大的赵德成老师认为，"情意"本身是一个十分复杂的新概念，难以精确界定。他认为情意领域主要涉及一个人的情感、态度、兴趣和价值观等，我国基础教育课程改革中提出的"情感、态度与价值观"刚好与情意领域相对应。王沂等人在《我国体育课程标准中"情意"目标历史演化之管窥》一文中干脆就把现在的"情感、态度、价值观"和过去体育教学大纲中那些有关品德、观念、兴趣、态度、精神的目标内容通通归结到"情意"目标名下进行讨论。笔者认为，我们不妨把"情意"领域看作一个反映学生智力和体力因素以外的诸多精神、道德因素，涉及人格完善和价值观形成的教育领域。这样，我们可以把一些心理健康、社会适应、思想品德等方面的内容，如情感、兴趣、意志、态度、意识、习惯、交往等都纳入情意领域来制定目标。虽然略显繁杂，却方便易行。

现在，我们已经归纳出了一个明晰的体育实践课教学目标的分类体系。

3. "技能、体能、情意"目标的统一性

"技能、体能、情意"目标在每一节体育实践课上都是不可或缺的，因为它们具有高度的统一性并互为依存。

第一，学习技能和增强体能具有高度的统一性，二者相互联系、互为依存。体育课程以身体练习为主要手段，而身体练习则是一个"掌握各种基本活动技能和提高身体素质的过程"。20世纪80年代，国内曾有过关于学习技能和增强体能以谁为主的争论，其实，这一争论的出现是把学习技能与锻炼身体对立

起来的结果。如果我们从技能与体能具有统一性的角度看待这个问题，讨论将更具有意义。首先，虽然运动技能可以成为一种职业技能或谋生本领，可以用来休闲、娱乐、交往等，但在目前，学校体育课程学习运动技能主要是为了锻炼身体，增强体能。而增强体能又离不开运动技能的支持，学习技能和锻炼身体相互依存。其次，学习技能和增强体能具有共同的特征，那就是重复性和负荷性。不管是学技能还是强身体，都必须通过足够数量的反复练习才能达到目的，而反复练习过程中身体都要承受一定的运动负荷。在重复中形成技能，在重复中承受负荷，在重复中增强体能，重复性和负荷性的共同特征把技能与体能紧密联系在一起，使二者形影不离、互为依存。苏联学者20世纪50年代就研究发现，通过一次或一天时间的训练，人体机能能力就有可能得到提高，所以，只要体育教学目标中出现学习技能和促进动作发展的目标，课中有学习技能的身体练习过程，这节课就必然具有促进身体发展的价值，相应就应该出现锻炼身体的目标。只不过在不同的学习阶段和学习内容上，学习技能和锻炼身体的侧重有所不同，不同技能对发展身体的指向有所不同而已。

第二，情意目标的实现不能脱离学习技能和锻炼身体的实践载体。促进学生情意发展是每个学科都要贯穿渗透在教学过程中的重要目标，但这一目标的实现不是凭空说教，也不是纸上谈兵，而是依赖学科特点和教材特点，融会贯通在教学活动中的一种润物细无声的潜移默化。促进学生情意发展的教育不能时有时无，不能断断续续，必须贯穿在学技能和练身体这一综合实践过程的始终。因此，每节体育课都应渗透和贯穿促进学生情意发展的目标。

情意目标的制定决不能脱离教材价值和学科教学的特点，必须依据教材价值和学科教学特点有针对性地设计和实施实现情意目标的内容。情意目标在很大程度上具有实践性，需要教师抓住时机，结合情景，因势利导地促使学生在情感、态度、价值观上产生体验、反应、接受、感动、变化乃至形成。不考虑教材价值与特点，把心理健康和社会适应领域的某些目标随意放在某节体育课上，甚至脱离学技能与强身体的教学主线与载体，脱离教学实际情景，单独和专门设计促进学生情意发展的教学目标与教学活动，只是背离体育课程性质和体育教学实际的一厢情愿。

布卢姆"认知、技能、情意"的目标分类对体育教学目标的分类及制定影响广泛，但这种分类缺失促进学生身体发展的目标，不符合我国体育课程的基本性质与价值，因此不适用体育教学目标的制定。技能、体能和情意目标的分类更符合体育课程的性质与特点。三类目标在教学活动中高度统一，相互联系，互为依存，不可或缺，是制定课时教学目标时全面具体、重点突出、方便可行的目标分类。

第五节　体育教学目标与体育教学目的的协同

体育教学目的与目标是很容易混淆的概念，在我们的教育学和很多的教育著作中，对此也是不做区分的。其实，两者既有联系，也有很大的区别。[1]

根据培养目标、体育教学目的，首先是要使学生明确增强体质的意义，形成对体育的正确认识，养成经常锻炼的习惯和树立终身健身的认识；其次是要使学生掌握健身的方法和知识，形成一定的运动技能，并能合理地运用多种运动技能和方法进行锻炼；最后是要发挥体育的多功能特点，促进学生身心全面发展。应该说，体育教学目的的确立是大家所认同的，但在转化成具体的教学目标时，由于多种因素的影响，目的和目标相混淆，目标和手段不一致的偏差是客观存在的。

在现行的体育教学大纲中，有相当一部分学校的重点在于各种竞技运动技术的传授和运动能力的提高。在课堂教学目标上侧重掌握体育基本知识、基本技术和基本技能，并自觉或不自觉地以公认的优秀运动员的运动技术作为规格加以追求，因而教学过程必然依照动作技术的内在联系和运动技能形成的规律来组织，成绩考核也以技能的掌握和成绩的高低作为主要的标准。这固然有利于技术技能的掌握，也能在一定程度上提高身体素质和运动能力，但它往往忽略了教学目标的其他方面，导致学校体育的多功能特点的弱化，难以正确地形成对培养学生的兴趣、能力、健康意识以及应具备的个性品质等方面的全面要求，也不可能较好地把握对应于教学目标相关标准，因而除了在运动技术技能和体育的基本知识等方面外，难以满足教学目标所要求的其他多元目标，从而导致教学目标和教学目的的不一致。

1　谭兆风. 体育教学目标与体育教学目的的协同[J]. 武汉体育学院学报，2000（6）：59-61.

教学目的确定以后，教学目标即应以教学目的为归属，将教学目的分解、渗透、内化在教学目标中，使之协调一致，共同发挥作用，从不同层次、不同的角度来运用到教学过程中，通过各个教学目标的设立实现来达到教学目的。

（1）树立正确的体育教育思想。体育教育思想是体育教学的先导，科学的体育教育思想，就是符合社会和体育发展规律、符合体育认识规律、对体育教育具有指导意义的一种社会意识形态。根据体育的本质功能，增强体质和提高健康是体育的目标。随着社会的发展、生活质量的提高，人们将体育作为娱乐和消遣活动的愿望日趋明显，终身锻炼的要求日趋强烈，终身体育将成为人的基本需要，运用科学的方法，采取多种手段进行锻炼是有效增强体质的必然要求。因此，体育教学目标就是要定位在落实增强学生体质、培养他们的体育意识、养成自觉锻炼的习惯、掌握科学锻炼的手段和方法、树立终身体育思想、促进他们身心全面发展这一根本目的上，这也是我们应该始终贯穿在教学过程的体育教学观念。

（2）选择正确的教学内容与教学方法，强化体育的多功能目标。教学内容和教学方法是实现教学目标、达到教学目的的两个重要因素。教材内容的选择，既要考虑其生物性价值，也要考虑其教育性价值，科学行和实效性相结合。要将身体锻炼知识、运动技能和手段的掌握、健康水平评价与运动技术原理等合理贯穿于教学过程中，使之有机结合，适应体育与健康相结合的发展趋势。在教学方法上，要突破传统教学模式的束缚，善于运用多种方法发挥学生的主体作用，既要运用"快乐体育"方法，使学生领悟体育的乐趣，在愉快的气氛中增强体质，也要运用"磨难体育"手段，使学生接受苦难的挑战，在艰苦的磨炼中锻炼意志，并要注意课内课外结合，课内注重传授知识，掌握技能，培养健身意识，介绍自我锻炼的方法；课外则侧重自主或有组织地进行锻炼，终身锻炼，以解决教学时数不足而影响教学目标实现的矛盾，从而保证健身意识、锻炼手段和方法分类目标的实现，这样他们的创新意识和个性才能得到锻炼和发挥。

（3）建立科学的体育教学评价体系。评价对科学具有导向作用，科学的体育教学评价方法对提高体育教学目的和教学目标的协同作用具有重要意义。它必须既要客观地评价体育教学的结果，更要重视体育教学过程，尤其是反映提高的幅度和可能产生的深远影响，纠正以体能来反映体质状况、以技能反映教学效果的以偏概全的评价方法，将体育教学的结果评价和过程评价有机结合起来，着眼于明天，侧重于发展，有利于改进评价体系，以利于树立正确的教学目标，实现体育教学目的。体育教学目的是服从于体育教学目标的，它是确定而不容许随意更改的。而体育教学目标则是一种策略，它是灵活的，是因对象和发展水平不同而有差异的，它总是以实现教学目的为出发点，它既要考虑增强体质这个本质特点，又要考虑包含心理的、非智力的、人文目标的、社会等多种要求，使学生具备可持续发展能力。只有当这些因素都有机结合在一起，并在教学过程中科学分步实施和实现的时候，我们才能说教学目标和教学目的是协同一致的。

第七章 体育运动与大学生心理健康

第一节 大学生心理发展特点

从年龄上看,大学生正处于青年中期,个体的生理发展已接近成熟,已具备了成年人的体格及生理功能。在我国,大学生是经过严格考试,从各地选拔出来的学业成绩优秀的人才。从中学到大学,生活环境发生了巨大改变,而大学生所处的年龄阶段又决定了他们的心理尚未完全成熟。以这种尚未完全成熟的心理状态,来面对环境的巨大变化,其心理发展之路必定是坎坷不平、动荡不安的。可以说,大学生的心理问题更复杂、更多变,更具有独特性。大学校园不同于任何一种别的社会生活环境,它在社会中处于一个特定的层次,因此,大学生的心理发展有着十分明显的特点,面临着独特的心理冲突。

一、大学生心理发展特点

(一)自我意识增强,但发展不成熟

自我意识,是指人对自己、自己与他人及社会的关系的认识,包括自我观察、自我评价、自我检验、自我监督、自我教育、自我完善等。独立自主、具有个人魅力是当代大学生喜欢追求的个性形象。大学生是同龄青年中的佼佼者,一般都具有较强的自信心、自尊心。他们希望自己的聪明才智能够得到社会的承

认和关注，他们不喜欢别人指手画脚、干涉指责，或者继续把他们当未成年人看待，期待社会把他们看作是成熟的一员，得到他人的尊重，这种表现是大学生自我意识进一步增强、个体进一步成熟的反映。大学生自我意识的增强还显著地表现在以下方面：

（1）迫切要求深入了解自己和发展自己。他们经常把自己分为现实的"自我"和理想的"自我"，力图从现实与理想的关系中把握自己、认识自己、要求自己，以追求完善的自我。

（2）自我评价能力增强。大学生既能借助一定的社会评价认识自己，但又不完全依赖别人的评价，表现出较明显的独立性、自主性和自信心。他们相信自己的知识和能力水平，十分重视维护自己的名誉，更希望得到别人的尊重和理解。

（3）自我教育能力增强。大学生大多数都能够根据所学专业和以后将从事的工作要求来规划自己的学习生活、确立自己的奋斗目标，不断提升自我修养、自我锻炼。不同年级的大学生在自我的发展方面存在明显差异。有趣的是，大学生自我意识发展的趋势与其心理障碍的发生趋势似乎存在某种对应关系。大学一年级学生的自我意识最高，其次是三、四年级学生，二年级学生的自我意识最低。这一结果一方面反映了大学生自我发展的趋势，即走向成熟和独立，同时也反映出他们所处环境的影响作用。由于自身社会生活的知识、能力和经验等的不足，大学生中的相当一部分人还不善于正确处理自我完善与社会发展需要的关系，还没有做好立足现实、做长期艰苦奋斗的心理准备。他们往往对自己估计过高，还不善于倾听不同的意见，难以理解人、尊重人，常常表现出自命不凡、刚愎自用；有少数人难以充分了解和正确认识自己，不能坦然承认和欣然接受自己，常又缺乏自信而妄自菲薄。他们一旦遇到自己无力解决的困难或遇到某种挫折时，容易产生对现实不满的过激行为或强烈的自卑感，甚至导致行为失控和做出不理智的事情来。心理健康的大学生不仅其自我结构相对稳定，而且能够在新环境或新经验基础上对自我进行适当的调整。相反，有心理障碍者则往往不能及时协调自己的自我结构，从而对行为和心理健康产生不利的影响。正因为如此，大学生自我意识的发展状况充分反映出他们正处于迅速走向成熟但未真正完全成熟的心理特点。

（二）抽象思维迅速发展，但思维易带主观片面性

由于学习的知识越来越多，受到的思维训练越来越复杂，因而大学生的抽象思维获得了迅速发展，并逐渐在思维活动中占据主导地位。他们在思考问题时，不再满足一般的现象罗列和获得现成的答案，而力求自己探索事物的本质和规律。他们思维的独立性、批判性和创造性有所增强，主张独立发现问题和解决自己认为需要解决的问题，喜欢用批判的眼光对待周围的一切，不愿意沿着别人提供的方法去思考和解决问题，其思维的辩证性、发展性都有所提高。但是，他们的抽象思维水平并没有达到完全成熟的程度，主要表现在思维品质发展不平衡，思维的广阔性、深刻性和敏感性发展比较慢。由于个人阅历浅、社会经验不足，看问题时容易过分地钻"牛角尖"，并且掺杂了个人的感情色彩，缺乏深思熟虑，往往有偏激、过分自信和固执己见的倾向，尤其是他们还不大善于运用唯物辩证法观点和理论联系实际的观点分析自己的认识活动和观察社会现象。从思维的发展来说，大学生的"理论型"抽象思维居于主导地位，因而，他们常常把社会问题看得过于简单而陷入主观、片面和"想当然"的境地。难怪有的心理学家在揭示大学生这种思维特点时发出这样的感慨："连当代最伟大的政治家都感到棘手的社会问题，在大学生看来却易如反掌！"这些说明大学生的思维往往缺乏客观性。

（三）情感丰富，但情绪波动较大

大学生充满青春活力，随着校园生活的深入展开，社会性需要增多，其情感也日益强烈、日益发展完善。这种强烈的情感不仅仅表现在学习和工作中，

体现在对待家长、同学和教师的态度等方面,更重要的是这种情感还明显地具有时代性、社会性和政治性。他们热爱社会、富有理想,关心国家的命运和前途,对于走建设有中国特色的社会主义道路、实现中华民族全面振兴充满了激情。他们的爱国主义情感、集体主义情感、社会责任感和义务感、道德感、友谊感、美感和荣誉感、理智感等迅速向广度和深度发展,逐步成为其情感世界的本质和主流。爱情的出现是大学生情感世界的一大突变,对其心理发展产生着巨大影响。大学生控制情绪的能力也在不断由弱变强,大多数人的内心体验逐渐趋于平稳。但是,如果受到内心需要和外界环境影响的强烈刺激,他们的情绪又容易产生较大波动而表现出两极性,既可能在短时间内从高度的振奋变得十分消沉,又可能从冷漠突然转变为狂热,乃至造成消极的后果。这种情况常使一些大学生陷入理智与情感的矛盾和冲突之中,从而感到十分苦恼。大学生的情绪还存在着外显性与内隐性的矛盾,这种矛盾冲突也带来了大学生中较长发生的情绪适应问题。生活经验的匮乏,使大学生又常常体验到挫折与焦虑。

(四)意志水平明显提高,但发展不平衡、不稳定

大学生多数已能逐步有意识地确定自己的奋斗目标,并根据目标制订实施计划,排除内外障碍和困难去努力实现奋斗目标,其意志的自觉性、坚韧性、自制性和果断性都有了较大发展。但是处于意志形成时期的大学生,其意志水平发展又是不平衡和不稳定的。大学生意志的自觉性和坚韧性品质已达到较高水平,但意志的果断性和自制性品质的发展却相对缓慢一些。这主要表现在,大学生能独立迅速地处理好一般学习、生活问题,但在处理关键性问题或采取重大行动时往往表现出优柔寡断、动摇不定或草率武断、盲目从众的心态。在不同的活动中,大学生意志水平的表现也不一样,如在专业学习活动中,往往意志水平高,而在思想品德的修养活动中意志水平就相对比较低。在同一种活动中,大学生的意志水平表现也有较大差异,心境好时意志水平较高,心境差

时则显得意志水平较低。情绪波动对于他们意志活动水平的影响是显而易见的。

意气风发、勇往直前、敢想敢说,是当代大学生思想解放、朝气蓬勃的表现,是大学生思维的独立性、批判性进一步增强,意志和情感得到进一步发展的反映。但是,由于大学生的思维发展还不够深刻、全面和辩证,辨别是非的能力还不够强,情感仍存在不稳定的一面,自我约束、自我控制能力尚待继续培养和发展,因而大学生在社会适应和生活适应上常常会遇到挫折与冲突。俗话说,温室里的花朵经不住风吹雨打,现实生活中再好的理想如果没有经过社会、生活的锻炼,也是脆弱不堪的。

(五)智力发展水平达到高峰,加入社会的需求迫切

大学生一般思维敏捷,接受力强,通过专业训练、系统学习,抽象逻辑思维能力得到充分的发展,智力水平大大提高,分析问题、解决问题的能力增强,其智力层次含有较多的社会性和理论色彩。

大学生在校园里的生活时间比同龄人长,这使他们与社会有一定的距离。也正因为如此,他们渴望加入社会的愿望更为迫切。在校园里,他们关注着社会,评判着各种社会现象,并希望自己能加入进去,按照自己的想法去改变各种令人不满的现象,把自己的专业知识服务于社会,体现自己的力量,实现自身的价值。这种迫切加入社会的需求与大学生日益形成的价值观相互作用,是将来他们走向社会的重要心理依据。这一心理特点支配、指导着大学生的学习态度,从而对大学时代的生活质量产生重要的影响。

二、大学生心理发展阶段

为了更深入地了解大学生的心理发展历程,可以将大学生的心理发展分为

以下三个阶段：适应准备阶段、稳定发展阶段、趋于成熟阶段。[1]

（一）适应准备阶段

新生步入大学，从高考成功的喜悦中冷静下来，首先面临的就是从中学生活到大学生活的急剧转折。生活环境的变迁、人际关系的变化、学习方式的改变，凡此种种，都可能使他们感到很不适应，整个身心处于动荡不安之中，原有的、习惯化了的心理结构被一下破坏，心理平衡被搅乱，周围全是陌生的面孔、陌生的事物。在一片陌生之中，他们需要逐步开始新的生活；在克服各种不适应的同时，他们力图建立新的心理结构，以达到新的心理平衡，从而开始真正的大学生活。大学新生对大学生活从不适应到适应的过程，称为适应准备阶段。

（二）稳定发展阶段

这一阶段是大学生活全面深化和发展时期。入学时的不适应已基本消除，新的心理平衡已初步建立起来，各方面的关系已趋于熟悉、稳定，新的生活秩序开始良好地建立，大学生活进入相对稳定的阶段。这一阶段是大学生活最主要、最持久的阶段，将一直延续到大学毕业前夕，一般有三年左右。

在这一看似平静的阶段，大学生极强的可塑性在这一阶段得到充分展示，每个人都按自身独特的方式塑造着自己。他们可能会遇到许多锻炼、提高的机遇，可能会有克服困难、取得成功的欣喜，也可能会遇到困惑、苦恼，这正是大学生的成长过程，大学教育的主要目标将在此期间完成。

（三）趋于成熟阶段

这个阶段是大学生从学生生活向职业生活过渡的阶段。面对又一次环境变迁、角色变化，大学生心里将又起波澜。不过，此时的大学生已接受了严格的

---

[1] 赵锦权.大学生心理发展阶段特点及对策[J].广东农工商职业技术学院学报，2002（3）：57-60.

专业训练和独特的校园生活的陶冶，独立意识较强，自我意识也有了很大的提高，对未来的生活道路产生种种设想。这些设想多数可能与现实有一定距离。大学生在此阶段必须开始做走向社会的心理准备。进一步深入地了解社会，把握好自己在生活中的位置，是所有大学生面临的任务。要决定毕业后的去向，要做毕业设计以证明自己大学时代的专业收获，有的还要处理与恋人的关系等，每个大学生的心理负担、心理冲突都不会少的。这个阶段往往是对大学生各方面素质进行综合考验的阶段，同时又是促进大学生心理成熟的阶段。

第二节　大学生心理健康标准

一、心理健康的基本含义与标准

（一）心理健康的基本含义

1946年第三届国际心理卫生大会曾对心理健康下过这样的定义："所谓心理健康，是指在身体、智能以及情感上与他人的心理健康不相矛盾的范围内，将个人心境发展成最佳的状态。"

虽然人们所站的角度不同，对心理健康的理解有一定的差异，但都存在一些共同之处，那就是：心理健康是指在正常发展的智能基础上所形成的一种表现出良好个性、良好处事能力和良好人际关系的心理特质结构。

（二）心理健康的标准

1. 世界心理卫生联合会提出的心理健康具体标准

（1）身体、智力、情绪十分调和；

（2）适应环境，在人际关系中能彼此谦让；

（3）有幸福感；

（4）在工作和职业中能充分发挥自己的能力，过有效率的生活。

1948年，世界卫生组织（WHO）还明确提出："健康"，不仅是没有身体缺陷与疾病，还要有完整的生理、心理状态和社会适应能力。这里的心理健康至少包含两层含义：其一是无心理疾病；其二是具有一种积极发展的心理状态。没有那种"积极发展的心理状态"，人们不能对自己的心理健康进行保护和促进；不能消除不健康的心理倾向，也容易出现轻度的心理问题或障碍。

2. 美国心理专家马斯洛提出的心理健康 14 条标准

（1）现实知觉良好，即能如实看待世界，而不是按自己的欲望和需求来看待世界；

（2）接纳自然、他人与自己，即能接受别人、自身及自然的不足与缺憾，不会被这些缺憾所困扰；

（3）自发、坦率、真实，即行为坦诚、自然，没有隐藏或伪装自己的企图，除非这样一种直率的表现会伤害别人；

（4）以自身热爱的工作为中心，即热爱自己所从事的工作，工作刻苦、专注；

（5）有独立和独处的需要，即不靠别人来获得安全和满足，遇到问题时喜欢冷静、独立地思考，把解决问题的希望寄托在自己身上；

（6）在自然与社会文化环境中能保持相对的独立性，即无论在什么样的环境中都能独立地发挥思考的功能，并具有自制能力，即使在遇到挫折、受到打击的情况下，也是这样；

（7）有持久的欣赏力，即对于某些经验，特别是审美体验，有着奇特而经久不衰的欣赏力，不会因事物的重复出现而为之烦恼，相反，却为能保留和享受这些美好回忆而欣喜不已；

（8）具有难以形容的高峰体验，人生中存在这样的体验：感受到强烈的醉心、狂喜和敬畏情绪，感觉到极大的力量、自信和决断指向，甚至连平凡的日常活动，也被他们夸大为压倒一切、无限美好、不可言喻；

（9）关注社会道德，即把帮助穷困受苦的人视为自己的天职，具有同世间所有的人同甘苦、共患难的强烈意识，能够千方百计为他人利益着想；

（10）人际关系深刻，即注重友谊和爱心，但交友的数目一般不多，同伴圈子较小；

（11）具有民主的性格结构，即谦虚待人，不存偏见，尊重别人的权利和个性，善于倾听不同意见；

（12）具有创造性，即具有同儿童天真的想象相类似的倾向，具有独创、发明和追求革新的特点；

（13）处世幽默、风趣，即善于观察人世间的荒诞和不协调现象，并能以一种诙谐、风趣的方式将其恰当地表现出来，但绝不会把这种本领用于有缺陷的人身上，对不幸者总是给予同情；

（14）反对盲目遵从，即对随意附和他人的观点和行为的人或事十分反感，有自己的主见，认定的事情就坚持去做，而不顾及传统的力量或舆论的压力。

关于心理健康所包含的具体内容和标准，不少国内外专家学者都有过研究和论述，以上仅为代表。

心理健康与生理健康一样，都是健康的不可分割的部分，但是，心理健康的标准并不像生理健康的标准那样具体、精确和绝对。对心理健康状况的划分，一般常用"常态"和"变态"或者"正常"和"异常"来表示。并且心理健康与否、正常与否的界限是相对的，很难有绝对、客观的划分标准，正常和异常是一个连续体的两端，中间没有绝对的分界线。

二、大学生心理健康的标准

大学生的普遍年龄一般为18~25岁，从心理学的观点看，正处于青年中期。大学生的心理具有青年中期的许多特点，但作为一个特殊群体，大学生又不能完全等同于社会上的青年人，主要原因在于：第一，政治上，大学生更加敏感；第二，经济上，大学生尚不能独立；第三，人际关系方面，大多数远离家乡，缺乏家庭的温暖，校园生活使大学生比较脱离社会，集体生活又使他们缺乏个人空间；第四，书本知识丰富，而社会经验却相对贫乏，思想活跃，但脱离实际。

因此，大学生除了可能产生一般的心理问题外，这些特殊处境还会使他们产生一些特殊的心理问题。

心理是否健康是可以测量的，但测量心理健康的工具却不是像测长度、高度的尺子那样具体和客观。测量心理健康一般采用量表测量，其标准不是固定不变的。心理的健康与否随着时代的变迁、文化背景的变化、对象的不同等有着不同的评价标准。根据我国大学生的实际情况，评判大学生的心理健康水平应依据以下几个标准给予考虑：

（一）自我评价正确

一个心理健康的人，能认识到自己的价值，既能了解自己，也能接受自己。对自己的能力、性格和优缺点都能做出恰当客观的评价。不会高估自己，不会对自己具有的一些长处和优势沾沾自喜，提出不切实际的生活目标和理想；同时，也不会贬低自己，不会为自己在某些方面存在的不足而自责、自怒、自卑。心理健康的人能接受自己，对别人的评价能做出客观的反应，自我认识稳定，并保持积极的生活态度，努力发展自己的潜能。反之，一个心理不健康的人，不能恰当地认同自己，总存在强烈的心理矛盾冲突，对自己总是不满意，缺乏积极的自我态度，总是要求十全十美，而总是无法达到，因此无法保持平衡的心理状态。

正确的自我评价，是大学生心理健康的重要条件。大学生是在与现实环境和他人的相互关系中，在自己的实践活动中认识自己的。一个心理健康的大学生，对于自己的认识应当比较接近现实，尽力做到具备自知之明；对于自己的优点感到欣慰，但又不至于狂妄自大；对于自己的弱点和错误既不回避也不自暴自弃，而是善于理智地自我接受。

（二）适应能力强

较强的适应能力是心理健康的重要特征，而一个人不能有效地处理与周围现实环境的关系则是导致心理障碍的重要原因。心理健康的大学生，应能和社会保持良好的接触，对于社会现状有清晰正确的认识，其思想和行动都能跟得上时代的发展步伐，与社会的要求相符合；而当发现自己的需求和愿望与社会需求发生矛盾时，能够迅速进行自我调节，以求与社会协调一致，而不是逃避现实，更不是妄自尊大和一意孤行，与社会需要背道而驰。

（三）满意的心境

心理健康的大学生，对自己的学习、生活和人际关系总是有一定程度的满意感，并自感有较强适应周围环境的能力，从而获得自尊和自信。虽然他们的聪慧程度不尽相同，但由于没有心理障碍，其聪明才智都能得以充分发挥，从而取得一定的成就，赢得成功的喜悦。这种满意的心境主要来源于较高的精神修养，因而他们无论是出于顺境或逆境，都能积极进取，在拼搏中找到事业的乐趣，发掘出生活的光明一面。

（四）乐观的生活态度

心理健康的人能珍惜和热爱生活，积极投身于生活，并在生活中尽情享受人生的乐趣，有积极的人生体验。心理健康的人不在乎生活事件的大小，总能从中体验到生命的意义，不管是一次朋友聚会，还是独自漫步街头。在工作和学习中，他们既积极发挥自己的聪明才智，并从学习与工作的成果中获得满足和激励，把学习与工作看成是乐趣，而不是负担。心理健康的大学生能正确地对待学习压力、择业竞争、情感纠葛等，以积极乐观的生活态度对待周围发生的事情，以平常心坦然处之，而不是悲观、抱怨、自暴自弃。心理健康的大学生把一切作为人生的阅历，作为迎接未来艰巨挑战的心理准备。

（五）智力正常

智力，是指一个人的认识能力和活动能力所能达到的道德水平。它是人的观察力、注意力、记忆力、想象力、思维力、创造力及实践活动能力等的综合，包括在经验中学习或理解的能力，获得和保持知识的能力，迅速而成功地对新情境做出反应的能力，运用推理有效地解决问题的能力等。智力正常，是大学生学习、生活和工作的最基本的心理条件，是大学生胜任学习任务、适应周围环境变化所需要的心理保证。因此，智力正常是衡量大学生心理健康的首要标准。一般来说，大学生的智力都是正常的，在社会中其智力总体水平是比较高的，因而衡量大学生的智力是否正常，关键是看大学生的智力是否正常和充分地发挥了效能。大学生智力正常且充分发挥效能的标准是：有强烈的求知欲和浓厚的探索兴趣；智力结构中各要素在其认识活动和实践活动中都能积极、有序地参与并发挥作用；乐于学习。

（六）情绪健康

情绪健康的主要标志是情绪稳定和心情愉快。情绪健康，是大学生心理健康的一个重要指标，这是因为情绪在心理变化中起着核心的作用，情绪异常往往是心理疾病的先兆。大学生的情绪健康内容应包括：

（1）愉快情绪多于不愉快情绪，一般表现为乐观开朗、充满热情、富有朝气、满怀自信、善于自得其乐和对生活充满希望。

（2）情绪稳定性好，善于控制和调节自己的情绪，既能克制、约束，又能适度宣泄且不过分压抑，情绪的表达既符合社会的要求，又符合自身的需要，在不同的时间和场合有恰如其分的情绪表达。

（3）情绪反应是由适当的原因引起的，反应的强度与引起这种反应的情境相符合。

（七）意志健全

意志，是指人在完成一种有目标的活动时进行选择、决定和执行的心理过程。意志健全者在行动的自觉性、果断性、顽强性和自制能力等方面都表现出较高的水平。意志健全的大学生在各种活动中，都有目的性，能及时做出决定并运用切实有效的方法解决所遇到的各种困难，在困难和挫折面前能够采取合理的反应方式，能在行动中控制自己的情绪和言行，而不是行动盲目、优柔寡断、轻率鲁莽、害怕困难、意志薄弱、顽固执拗、言行冲动。

（八）人格完整

人格，在心理学上是指个体比较稳定的心理特征的总和。人格完整，是指有健全、统一的人格，即个人的所思、所说、所做都是协调一致的。大学生人格特征的主要标志如下：

（1）人格结构的各要素完整统一；

（2）具有正常的自我意识，不产生自我同一性混乱；

（3）以积极进取的人生观作为人格的核心，并以此为中心把自己的需要、愿望、目标和行为统一起来。

（九）人际关系和谐

社会上的人总是处在一定的社会关系之中的，大学生同样也是离不开与人交往的。和谐的人际关系既是大学生心理健康不可缺少的条件，也是大学生获得心理健康的重要途径。大学生人际关系和谐的表现如下：

（1）乐于与人交往，既有稳定而广泛的人际关系，又有知心朋友；

（2）在交往中保持独立而完整的人格，有自知之明，不卑不亢；

（3）能客观评价别人和自己，善于取人之长、补己之短；

（4）宽以待人，乐于助人；

（5）积极的交往态度多于消极态度；

（6）交往的动机端正。

（十）心理行为符合大学生的年龄特征

大学生是一个处于特定年龄阶段的社会特殊群体，他们应当具有与其年龄和角色相应的心理行为特征。如果一个大学生经常严重缺乏这些心理行为特征，那么他可能是出现了心理异常。

当然，也有一些学者根据处于青年中期的大学生的心理发展特征和大学生特定社会角色的要求以及心理健康学说的基本理论，将大学生心理健康的标准简略地概括为以下七条：

1. 能保持对学习有较浓厚的兴趣和求知的欲望

智力正常是人一切活动的最基本的心理条件。学习是大学生的主要生活内容，心理健康的学生懂得珍惜学习机会，求知欲望强烈，能克服学习中的困难，学习成绩稳定，能够保持一定的学习效率，可以从学习中收获到满足和快乐。

2. 能保持正确的自我意识，接纳自我

自我意识是人格的核心，它是指人对自己、对周围世界关系的认识和体验。人贵有自知之明。心理健康的学生能够了解自己、接受自己，自我评价比较客观，既不因妄自尊大而去做力所不能及的工作，也不因妄自菲薄而甘愿放弃可以发展的机会。

3. 能协调和控制自己的情绪，保持良好的心境

情绪可以影响人的健康，影响人的工作效率，影响人际关系。心理健康的学生能够经常保持愉快、开朗、乐观的心境，对于生活和未来充满希望，虽然也会有悲、忧、哀、愁等消极体验，但他们能够主动调节。同时，他们也能采取正确方式适度表达和控制情绪，能够做到喜不狂、忧不绝、胜不骄、败不馁。

4. 能保持和谐的人际关系、乐于交往

人际关系最能体现和反映人的心理健康状况。心理健康的学生乐于与他人

交往，能够以尊重、信任、友爱、宽容、理解的态度与他人相处，能够分享、接受和给予爱和友谊，能够与集体保持和谐的关系，可与他人同心协力，合作共事，并乐于助人。

5. 能够保持完整、统一的人格品质

人格是指人的整体精神面貌；人格完整，是指人格构成诸要素的气质、能力、性格和理想、信念、人生观等各方面平衡发展。心理健康的学生所思、所做、所言能够协调，具有积极进取的人生观，并能够把自己的需要、愿望、目标和行动有机地统一起来。

6. 能保持良好的环境适应能力

环境适应能力包括正确认识环境的能力和正确处理个人与环境的关系的能力。心理健康的学生在环境改变时能够面对现实，对环境做出客观的认识和评价，使个人行为符合新环境的要求。他们能和社会保持良好的接触，对社会现状有清晰的认识，能够不受环境中的消极影响的干扰，并及时修正自己的需求和愿望，而使自己的思想、行为与社会协调一致。

7. 心理行为符合年龄特征

在人的生命发展的不同年龄阶段均应有相应的心理行为表现。心理健康的人的认识、情感、言行、举止都应符合其所处年龄段的要求。心理健康的学生应表现为精力充沛、勤学好问、反应敏捷、喜欢探索，而过于老成、过于幼稚、过于依赖都是其心理不健康的表现。

总而言之，人的心理健康是指一种持续的、积极的心理状态。个体在这种状态下，能够与环境有良好的适应，其生命具有活力，能充分发挥其身心潜能，就可被视为心理健康。据此，人的心理健康水平大体可分为三个等级：一是一般常态心理，表现为心情经常愉快，适应能力强，善于与别人相处，能较好地完成与同龄人发展水平相适应的活动，具有调节情绪的能力；二是轻度失调心理，表现出不具有同龄人所应有的愉快，与他人相处略感困难，生活自理能力较差，经主动调节或通过专业人员帮助后可恢复常态；三是严重病态心理，表现为严重的适应失调，不能维持正常的生活和工作，若不及时治疗可能发展成精神病患者。

第三节 体育运动对大学生心理发展的影响

一、体育运动对大学生认知能力发展的影响

科学研究表明，正在青年中期的大学生是认知能力发展的高峰时期。认知能力包括人的感觉、知觉、表象、思维、记忆、想象、注意等认知过程的全部心理现象去分析客观事物的能力。

（一）体育运动对感知觉的影响

人的认识过程由简单到复杂可分为以下几个部分：

感觉是认识过程的最初阶段，是人脑对客观事物个别属性的反映。它包括：接受外部刺激，反映外界事物特性的外部感觉，如视觉、听觉、嗅觉、味觉和皮肤感觉；接受机体内部刺激，反映内脏器官状态的内部感觉，如渴、饥饿等感觉；反映身体各部分的运动和位置情况的本体感觉，如运动觉、平衡觉等。

知觉是人对当前事物整体的直接反映，包括事物的各种属性、各个部分以及它们的关系。因此，知觉往往是各种感觉协调活动的结果。

体育运动以身体活动为主要手段。身体活动是人支配自身所进行的运动，对自身运动的感知是完成身体运动的前提。体育运动中感知觉无处不在。准确、明晰的空间、时间和运动知觉对田径、球类、体操和武术等项目是十分重要的，这些项目要求运动员能通过观察空间大小、方位距离和目标的速度来调整自己。经常参加体育运动能发展和提高感知能力。

（二）体育运动对表象、记忆、思维的影响

1. 体育运动能促进思维能力的发展

由于在运动操作活动中，操作活动往往不是思考好了再做，而是一边思考一边做，一边做一边思考，因此思维和操作密不可分。在体育运动中，要不停地做出判断和预测，如球的落点、方向和反弹高度，对手的意图和可能采取的行动及与同伴的配合，都需要思维来完成。在体育训练时，一个动作的实现，除了参考自己过去的经验和模仿别人的动作外，更重要的是在积极思维的作用下进行反复练习。若不动脑筋，只是被动地、简单地、机械地重复模仿，就难以提高动作的质量。当动作达到"自动化"程度时，这时的思维活动便从指导练习转移到选择更有效的方法，发挥更高的效率，创造性地完成动作。这种通过"思维—检验—思维"的活动，促进了思维能力的发展和思维速度的提高。

2. 体育运动能增强记忆力

记忆是人脑对经历过的事物的反映。正确记忆各种动作及各动作间的结构原理，形成正确完整的动作表象，是掌握任何动作所必备的能力。体育运动中各个动作的形成和提高都必须在记忆表象和想象表象支持下实现。另外，体育运动通常在高速度中进行，往往是一个动作接连一个动作，需要操作者在短时间内完成一连串的动作，稍有停顿，就破坏了动作的流畅自如。因此，这就要求操作者不仅要了解和学会动作，而且要通过反复多次的练习，达到熟练化的程度，使之完全成为自身所拥有的熟练技巧，达到动力定型形式的记忆。所以，通过体育教学和训练，能促进人们直观形象记忆能力的发展。

（三）体育运动对想象力、注意力的影响

1. 体育运动能丰富想象力

想象力是在过去知觉的基础上产生新的形象的能力。大学生的想象力表现出充满理想和幻想，乐于憧憬未来，热爱追求新的思想和生活的特点。想象在体育运动中具有十分重要的意义。丰富的想象能使人摆脱对动作的机械模仿，并进行创造性的探索。在体育运动中，任何创造性活动都离不开想象，如运动战术的制定、高难度动作的设想、体操的编排等。丰富的想象力在体育运动中是创造新颖动作、形成独特风格的前提。同时，体育运动也促进了想象力的发展。

2. 体育运动能培养人的注意力

体育运动是一种身体操作活动，虽然项目各式各样，但有一些共同的特点和要求，即不是要求快速，就是要求准确，或是要求完美的表现。这些活动特点对人的注意力都有超常的要求。例如，我国奥运会冠军、飞碟射击运动员张山曾说过："一上场，对我来说，世界上只有碟靶、枪和我自己的动作，其他一切全无。"这就是注意力高度集中的表现。田径、体操、武术等项目要求运动员既要注意自己动作的准确及用力程度，又要注意其他人的动作，以便调整自己的战术。

体育运动对参加者的注意力要求较高。无论是径赛的起跑时，还是球类运动身体启动前，都要求将全部注意力集中在即将进行的动作上。在球类运动中，运动员不仅要注意球的运动，同时也要注意本队与对方队员的活动，以便随机应变，及时做出判断、反应。因此，注意力的集中与分配、注意力的广度与转移等能力，都能在体育活动中得到培养和锻炼。

（四）体育运动为认知能力的发展创造了良好的生理条件

（1）体育运动可促进人体的身体发育，当然也可促进大脑的发育。发育

健全的大脑是人们学习和思维的物质基础。

（2）人体在运动时，血液循环加快，每分钟比正常人多2～3次，这样，大脑供氧量就会逐渐增加。因此，运动能增加氧的供应，使血液畅通，改善神经细胞的营养和功能。

（3）可以开发右脑功能，激发人的创造潜能。因为右脑与人的空间定位、直觉、想象和各种操作性的逻辑思维和非逻辑思维有关，因而体育运动是开发右脑的极好手段。体育运动是大学生乐于参与的活动，在运动中假如有意识地使用左手、左脚，则更能促进右脑的开发。

二、体育运动对大学生情感、意志品质发展的影响

大学生情感和意志品质已具有较高的发展水平，但还存在着未完全成熟的一面。体育运动能促进大学生情感、意志的发展，培养他们的意志品质，具体主要表现在以下几个方面：

（一）体育运动对大学生情绪、情感发展的影响

情绪和情感为人们的非理性因素，是人对客观事物态度的体验，是人的需要是否获得满足的一种反映。例如，因成功而体验到欣慰和愉快，因失败而感到悲伤。大学生的情绪、情感具有以下几方面的特点：

1. 稳定性和波动性并存

大学生对情绪的自我控制和调节能力的提高以及认识能力的发展，致使情感比较持久，不易转换。同时，由于大学生社会适应能力比较差，神经的兴奋和抑制过程还很不平衡，自控力弱，情绪容易波动。

2. 强烈性和细腻性并存

富有激情是当代大学生的一个突出的情感特点，同时在其情绪体验上还存

在有细腻的一面，这两种行为现实中有趣地对立统一于一身。

3. 直露性与内隐性并存

直率与热情是青年公认的特点，但大学生有时会有意抑制自己的情感，认为直露感情是幼稚举动，这种情感的内隐性又使青年的情绪表现出间接、曲折的特点。体育运动本身蕴藏着很多对人的各种刺激，如克服困难、竞争、冒险、把握机会、追求不确定结果、达到目标、控制、成功、挫折等，使人产生丰富的情绪体验。经常参加体育活动，能调节人的情绪，并使人始终保持乐观愉快的情绪。因为体育活动通常在清静、幽雅、宽阔的操场上进行，容易使人产生乐观、开朗、心情舒畅等情绪体验，克服某些不良情绪的产生。另外，体育运动大多是同龄人成群结队开展的，有时还伴以乐曲，因此容易使人的情绪乐观、稳定、健康，形成豁达开朗的性格，增进同伴间的友谊。同时，运动伴随着血流量和吸氧量的增加，对中枢神经系统有良好的效果，能改善大脑皮层对发生情绪的有关各皮下中枢的调节能力，促进大学生情感、情绪的自控能力向成熟发展。

（二）体育运动对大学生意志品质发展的影响

（1）意志是自觉确定目的，并选择手段去调节行动，以克服各种困难，达到预定目的的心理过程。意志品质是在意志行动的各个阶段所表现出的稳定的行为特征。良好的意志品质不是先天就有的，而是在后天的教育过程中逐渐形成的。体育运动促使大学生具有激情、自尊、荣誉感、责任心及积极向上的热情，这些激情又促进了大学生意志品质的发展，从而培养了大学生坚毅、顽强的意志品质和积极向上的情感。

（2）体育运动充满了挫折和失败，必须有坚忍不拔的意志和强烈的自信心去面对每一次的失败和挫折。体育运动鼓励人向往胜利和追求胜利，也培养人不怕失败、接受失败的勇气。没有哪种活动像体育这样让人频繁地品尝失败，也没有哪种活动像体育这样使失败成为如此正常和自然的结果。承受失败的人总会想到下一次，想到再努力提高，想到只有通过努力，才能达到目标。因此，运动总是与意志联系在一起，需要意志去调节，因而它能全面促进意志品质的发展。

三、体育运动对大学生个性发展的影响

个性是指个体具有一定倾向性的、比较固定的心理特征。不同的心理倾向构成了人的不同行为方式，这正是不同个性的人构成了当今人类五彩缤纷的大千世界的原因。体育不仅对人的个性产生着积极的影响，而且个性发展也是丰富体育的重要前提。个性心理特征主要是由气质、性格、能力三方面构成的。个性的形象和感知、表象、思维、想象以及人的整个认识过程有着密切的联系。[1]所以说，人的个性心理特征是在先天遗传和后天认知的基础上建立起来的。

（一）气质

气质是指一个人表现在心理活动和动作进程方面的动力特点的总和。所谓动力特点，主要指心理活动的速度（如知觉的速度、思维的灵活程度）、心理活动的稳定性（如注意力集中时间的长短）、心理活动的强度（如情绪的强弱、意志顽强的程度），以及心理活动的指向性特点（内向或外向）等。一般气质包括胆汁质、多血质、黏液质、抑郁质四类。

在茫茫人海中，有的人身材匀称、丰满、健美，精力充沛，生机勃勃；有的人感情强烈，爱激动，难以自制；有的人却沉默寡言，比较冷静，不露声色；有的人思维十分灵活，动作敏捷，善于适应；而另一些人则反应比较慢，不善

---

[1] 陈志军,俞暄一.浅谈体育运动对大学生个性发展的影响[J].常州工学院学报,2001(2):80-81.

应变等。这些都是人的气质的表现。气质的特点通过各项体育教学和运动训练是可以改变的。研究表明，运动资历较长的运动员大多是一些善于适应，气质类型多是具有强型神经系统的胆汁质和多血质类型。因此，体育活动能够对人的气质产生影响。

（二）性格

性格是指一个人比较稳定的对现实的态度和与之相适应的习惯化了的行为方式。通过自我调节可以改善性格，通过教育可以影响性格，通过体育可以锻炼性格。一般来说，经常参加体育活动的人，情绪稳定，能较好地适应社会环境，比较外向，这应看作是体育运动对人的性格所起的作用。

体育活动对良好性格的形成有重要意义。培养良好的性格，首先要培养自我接受的态度，主要是在运动实践中认识自己的真正状况，了解自己的心理品质和性格的优势与非优势，扬长避短，促进良好性格的发展。良好的情绪状态和人际关系是维护健康性格的灵丹妙药。参加丰富多彩的休闲活动，特别是体育锻炼，是培养优良性格的有力手段。每一个参加运动的人都会被运动本身的特点和与运动有关的社会评价所激励，这些东西使我们的价值观、情绪状态、意志品质发生一致的导向。例如，一个参加悬崖跳水的人会培养出坚强的个性、突出的意志品质、战胜困难的决心以及稳定的情绪状态。

（三）能力

能力通常是完成某种活动的本领，有一般能力和特殊能力之分。一般能力是指在各种活动中必须具备的一些基本能力，主要包括观察力、注意力、记忆力、思维能力和想象力等。特殊能力是指在完成某些特殊活动中所必须具备的能力，又叫专门能力，如运动能力、组织能力、管理能力等。一般能力和特殊能力是密不可分的，一般能力发展了，也可以促进特殊能力的发展。运动能力是指身体运动的能力，它包括体育知识、技能、技术的情况及有效地完成人体活动的生理、心理特征。

掌握体育知识、技能并非是体育的唯一目标，提高和体育有关的能力是更为重要的目标。从某种意义上说，只有提高了能力，才能学到更多的知识和技能。学习知识、技能是"授之以渔"，这便是重视能力培养的意义。体育活动发展了生理必备的、生活必需的各种能力，在学习体育知识、技能过程中能进一步提高能力覆盖面，从而能更好地生活、学习和工作。

竞技比赛、身体锻炼、体育教育、娱乐康复等四类活动由于形式不同，对个体的影响也不同；也因为活动项目的多样性而呈现出不同的特点，对个性心理的影响也有不同的侧重。竞技比赛要求不断提高个体的体能，向人体极限提出挑战，在应对这个挑战过程中必须克服生理、心理两方面的障碍，既要发挥体力，又要发挥心智，对意志品质也有较高的要求，这对人的性格是一个良好的培养过程。

常年坚持体育锻炼，可培养锻炼身体的自觉性，培养坚韧、顽强的意志品质。坚持锻炼的人，生活态度积极，情绪稳定，在性格方面有较强的社会适应性。

把体育作为学校教育手段，能较为全面地发挥体育对个性发展的功能。在个性心理倾向方面，需要、动机、兴趣受到理想、信念和世界观的导向，锻炼身体变得更为主动积极；在性格方面更能适应社会；在能力方面能得到更为全面的发展。

娱乐、康复活动提高了人积极生活的心理倾向。由于文化生活的丰富，也由于建立了战胜疾病的信心，个体的需要层次、动机水平、心理品质都得到提高。由于活动过程促进了人际交流，人的性格会变得更为平和、外向，社会能力也会得到了一定程度的提高。

第八章　体育锻炼与营养

第一节　营养与健康

一、营养的含义与合理营养

生命的存在、机体的生长发育、各种生命活动及体育活动的进行，都依赖于体内的物质代谢过程，机体必须不断地从外界摄取新的构成细胞的物质、能源和其他活性物质，而且主要是从食物中摄取。因此，营养就是指机体摄取、消化吸收和利用食物中的营养物质，以维持生命的整个过程。营养是保证机体生命存在和延续的重要条件。

合理营养的含义是，由食物中摄取的各种营养素与身体对这些营养素的需要达到平衡，既不缺乏，也不过剩。缺乏某些营养素会引起营养缺乏病，如缺钙引起的佝偻病、缺铁引起的贫血等。某些营养素如脂肪和碳水化合物摄入过多又会导致肥胖症、糖尿病、心血管病等"富贵病"。营养缺乏和营养过剩引起的病态统称为营养不良，都是营养不合理的后果，对健康都是十分有害的。

我们强调营养膳食的合理性，应注意下面三个问题：

1. 要做到食物营养成分的互补

我们日常生活中的任何一种食物，所含的营养成分都不可能十分全面。在富含一种或数种营养成分的同时，也可能缺少另外某种成分。例如，粮食、谷物主要提供糖类，肉类、禽卵等主要提供蛋白质与脂肪，而蔬菜与水果是维生素、无机盐的主要来源。只有各种食物合理搭配，才能实现营养成分的互补，满足机体的需要。

2.要进行不同年龄阶段营养成分的选择

人生的各个时期对营养的需求是不同的，无论是从种类上还是数量上，都有着明显的不同。儿童、少年处于生长发育的高峰时期，对各种营养成分的摄取，在种类、数量上要有充分的保障，做到高蛋白、高热量、高维生素，适量脂肪，全面而均衡。老年人为延缓衰老、健康长寿，强调高蛋白、高维生素、低脂肪、低热量；为防治骨质疏松、高血压等老年退行性疾病，要补充钙质，限制钠盐，形成对某些营养成分的特殊选择。

3.要做好特殊体能消耗的补充

日常膳食可满足一般体能消耗，但对那些有特殊体能消耗的人应予区别对待。例如，炼钢工人高温作业，因大量排汗而造成蛋白质大量消耗及矿物盐、维生素和水的大量丢失，这就要求在他们膳食及饮料中给予适度强化，补充锻炼过程中的特殊消耗，为实现锻炼效果提供必要的物质基础。

如上所述，实现营养膳食的合理性，必须做到营养成分全面、均衡，营养搭配要因人而异，补充营养过程要持之以恒，久而久之，才能从营养学角度提高体质与健康水平。

二、营养素与健康

营养素是指能在体内消化吸收，供给热能，构成机体组织成分，调节生理机能，为机体进行正常物质代谢所必需的物质，包括蛋白质、脂肪、糖类、维生素、矿物质和水六大类。营养素与健康有着密切的关系。

（一）蛋白质

1. 蛋白质在体内的主要作用

蛋白质是生命的物质基础，没有蛋白质就没有生命。它在人体内的主要生理功能是：构成机体组织、促进生长发育；构成酶和激素成分，调节酸碱平衡及全身生理机能；增强机体抗病免疫能力；供给热能等。机体一旦缺乏蛋白质，首先会影响机体生长发育，肌肉萎缩，甚至贫血，并出现抗病力下降，内分泌紊乱，易疲劳，伤口不愈合等现象。

2. 蛋白质来源与日常需要量

日常膳食中的肉、蛋、奶等是动物性蛋白质的主要来源；而豆类是植物性蛋白质的主要来源。米面等谷类食物含蛋白质较低，只有10%左右，但在我国由于其在人们食物中所占比例较大，也成为植物性蛋白质的重要来源。一般认为，动物性及植物性蛋白质在食物中应各占50%。

中国营养学会建议：我国成人蛋白质摄入量为每日每千克体重1.0~1.9克，青少年应当更多一些，可达3.0克左右。参加体育锻炼的人，在各自原基础上应适量增加一些。

（二）脂肪

1. 脂肪在体内的主要作用

脂肪在体内构成细胞膜及一些重要组织，参加代谢，供给热能，保护内脏，保持体温，并有促进脂溶性维生素的吸收等作用。

2. 脂肪的来源与需要量

动物性脂肪来源于各种动物油、奶油、蛋黄等，而植物性脂肪主要来源于各种植物食用油。另外，核桃、花生、葵花子等干果也可为机体提供较丰富的脂肪成分。就我国目前的生活水平来看,普通膳食一般即可满足脂肪的每天需用量。食物中的粮类,在体内也很容易转变成脂肪供机体利用或储存起来。

(三) 糖类

1. 糖类在体内的主要作用

糖类在体内的首要作用是供给热能,人体所需能量的60%是由糖类供应的;其次还构成组织成分并参与其他物质代谢,对中枢神经系统有特殊营养作用,能调节脂类代谢,具有解毒和保护肝脏的功能。

机体缺糖使血糖下降,首先影响中枢神经系统大脑的机能,使其兴奋性下降,反应迟钝,四肢无力,动作协调性下降,甚至发生晕厥,运动不能继续。

2. 糖的来源与日常需要量

糖的来源较为广泛,食物中的米、面、谷物约有80%富含糖类,因此日常膳食供应较充足。也可直接适量摄取糖果及饮用含糖饮料,提高肝糖原、肌糖原的含量储备。日常膳食即可满足人们对糖的需求,不必强调大量补充。

(四) 维生素

维生素是维持人体生命和调节正常机能不可缺少的一类营养素。它们在体内的贮存量很少,必须经常从食物中获得。维生素的种类很多,按其性质分为脂溶性与水溶性两大类。前者有维生素A、D、E、K四种,后者包括维生素B族、C等。各种维生素在体内不构成组织原料,也不提供能量,它们有各自的功用,总的来说是调节物质能量代谢,保证生理机能。

1. 维生素A

维生素A主要功用是维持正常视力,保证眼睛以及维持上皮组织结构的健全与完整性。如果缺乏维生素A会引起视觉及适应能力下降,甚至患夜盲症。

维生素 A 最好的来源是各种动物的肝脏和鱼卵、乳品类、蛋黄以及胡萝卜、菠菜等黄绿色蔬菜中。

2. 维生素 D

维生素 D 对机体的钙、磷代谢和骨骼生长发育极为重要，能促进钙的吸收，促进骨骼钙化及牙齿的正常发育。维生素 D 缺乏时，钙的吸收受到影响，严重者骨盐溶解而致脱钙。维生素 D 的主要来源是鱼肝油、蛋黄、奶品。皮肤中的 7-脱氢胆固醇在阳光紫外线照射下可转化成维生素 D，一般不会缺乏。

3. 维生素 E

维生素 E 可增强机体对缺氧的耐受力，减少组织细胞的耗氧量，扩张血管，改善循环，增强心功能，增加肌肉力量与有氧耐力。如果与维生素 C 结合使用，能缓和及预防动脉硬化。维生素 E 主要来自动物性食品、小麦胚芽、玉米油，绿叶蔬菜中含量也较丰富。

4. 维生素 B 族

其主要功用是在糖代谢中发挥重要作用，促进肝糖原、肌糖原生成，保护神经系统机能。充足的维生素 B 族可有效地缓解机体疲劳。维生素 B 族广泛存在于谷物杂粮中，也可服用维生素 B 族片剂。

5. 维生素 C

维生素 C 能加速体内氧化还原过程，提高 ATP 酶活性，使机体得到更多能量来维持运动，提高耐力，减缓疲劳，促进体力恢复，并能促进伤口愈合，促进造血机能，参与解毒过程，增强机体抗病力。维生素 C 广泛存在于蔬菜和水果中。

（五）矿物质（无机盐）

体内矿物质元素种类很多，总量约占体重的 5%，是构成机体组织成分、调节生理机能的主要物质。其中较多的有钙、镁、钾、钠、硫、磷等；其他如铁、碘、氟、锌含量很少，称微量元素。人体在物质代谢过程中，每天都有一定量的矿物质从各种途径排出体外，因此必须从食物中得到及时补充。矿物质在食物中分布极广，正常膳食一般都能满足机体需要。其中最易缺乏的是钙和铁。

1. 钙和磷

钙在体内的主要作用是构成骨骼与牙齿，维持神经肌肉的正常兴奋性，参与凝血过程等。成人每日需钙0.6克，儿童及孕妇、老年人的需要量较高。大量出汗可使钙的排出量增多，每日需钙量可达1.0～1.5克。含钙较多的食品有虾皮、海带、豆制品、芝麻、山楂、绿叶蔬菜等。由于钙和磷在体内的关系非常密切，二者在血液中必须达到一定的浓度水平才能共同完成其生理机能，所以在补充钙的同时，还要注意从富含蛋白质的食品中摄入磷。

2. 铁

铁的主要作用是构成血红蛋白，缺铁可阻碍血红蛋白生成而发生缺铁性贫血，降低血液载氧功能，导致全身功能低下。成年男子每日需铁12毫克左右，青少年、妇女每日需铁15毫克左右。大量出汗可增加铁的丢失，应给予额外补充。含铁最多的食物有动物肝脏、动物血液，其他如蛋黄、肉类、豆制品、红糖、沙棘果等铁的含量也很丰富。

（六）水

水在体内的主要作用是构成机体的主要成分，参与全身所有的物质代谢，完成机体的物质运输，调节体温，保证腺体正常分泌。体内的水分必须保持恒定，体内不储存多余的水，也不能缺水。缺水若不及时补充，将影响正常生理机能。大量出汗后补充水分的同时，也要补充适量盐分，以补充电解质的丢失。

第二节 体育锻炼与合理营养

一、营养对体育锻炼的影响

进行体育锻炼时，体内会发生一系列的生理性变化：中枢神经系统活动紧张，内分泌系统加快，酶系统活跃，新陈代谢旺盛，单位时间内的能量消耗数倍、十数倍于安静状态，体内的糖、脂肪被大量分解供能，蛋白质代谢更新加快，大量的维生素、无机盐参与分解代谢而增加了损失过程。这些变化使机体对各种营养物质的需求量大大增多。

营养与体育锻炼关系密切，对锻炼效果有着很大的影响。体育锻炼造成的能量消耗，要在运动结束后通过合理的营养膳食得到补充。如果缺乏合理营养保证，消耗得不到补充，机体会处于一种"亏损"状态，久而久之，于机体健康不利，会使锻炼者生理机能及运动能力下降，出现乏力疲劳甚至疾病状态。

合理营养与体育锻炼是维持和促进健康的两个重要条件。以科学、合理的营养为物质基础，以体育锻炼为手段，用锻炼的消耗过程换取锻炼后的超量恢复过程，使机体积聚更多的能源物质，提高各器官系统的机能。此时获得的健康，较之单纯以营养获取的健康上升一个新的高度。运动员通过合理营养加体育锻炼在获得健康的同时，也收获了良好的身体素质。

二、不同锻炼项目对合理营养的需求

在进行体育锻炼时，机体的能量消耗比安静时大大增加。[1]要安排好锻炼期

---

[1] 洛桑泽仁. 体育锻炼与合理营养初探 [J]. 北方文学（中旬刊），2013（7）：186-188.

间的饮食,加速运动后的体力恢复,防止过度疲劳,合理的营养就显得十分重要。

(一)速度性运动

速度性运动是典型的大强度运动,如短跑。快速跑时对神经过程的灵活性和协调性要求高,同时体内高度缺氧,故能量的来源主要是糖的无氧分解供应。短时间将有大量代谢产物在体内堆积,使内环境向酸性偏移,容易产生疲劳。在锻炼后膳食中应含有丰富的蛋白质、糖,还必须有足够的磷、维生素B、维生素C和铁,此外还应多吃蔬菜、水果等碱性食物,进一步调节体内酸碱平衡。

(二)耐力性运动

耐力性运动如长跑、超长跑、骑自行车等,运动强度较低,但持续时间长,运动所需总热能大,能量代谢以有氧供能为主。为了保证热能的来源充足,增强机体的摄氧能力,膳食中应含有较高的糖、维生素B,以及铁、钾、钠、钙、镁等元素,并适量补充脂肪和蛋白质。

(三)力量性运动

力量性运动如举重、器械体操、投掷等,由于练习时消耗的能量较多,饮食的产热量也需求较高,故膳食应有足够的糖、蛋白质和脂肪。特别是力量练习有利于肌肉质量与力量的增长,对蛋白质的需要量大于其他项目,供给量可达到每千克体重2克。另外,为了保证神经、肌肉的正常功能,还要注意补充钠、钾、镁、钙等元素。

(四)灵巧性运动

灵巧性运动如体操、艺术体操、技巧等,这些运动动作复杂、多样化,需要良好的协调性与灵巧性,对神经系统的要求较高,食物中应含有丰富的磷及各种维生素。

（五）球类运动

球类运动对人体的要求较全面，对力量、速度、耐力、灵敏等素质均有较高的要求，所以对营养的要求也全面。膳食中糖、蛋白质、维生素B、维生素C、磷等一定要充足。球的体积越小，食物中维生素A的量应更高些。足球活动时间较长且在室外活动，矿物质、水分丢失较多，应及时补充。

（六）游泳运动

游泳运动在水中进行，机体散热较多，膳食中除供给必需的糖和蛋白质外，还要求足够的脂肪和维生素B、维生素C及磷等。

（七）冰雪性运动

由于长时间在冰雪上活动，加之周围环境温度较低，机体产热过程增强以维持体温，所以蛋白质和脂肪消耗较多，膳食中必须给予保证，同时增加糖类以提供能源。主要注意多补充维生素B，并适当增加维生素A的摄入，保护眼睛，这样有利于适应冰雪场地的白色环境。

（八）体育锻炼与水的补充

体育锻炼中体液的代谢特别旺盛，如踢足球1个小时，出汗量高达2~7升。在高温环境下运动，出汗量更大。运动时，体温升高，排汗使机体一部分热量散发，降低了体温，这对运动是有利的；但排汗的同时，也失去了体内很多的盐类（如钠盐、镁盐等），若不及时补充，不但会降低运动效果，而且对健康也有一定不良影响（脱水严重可导致休克）。因此在锻炼中要及时补充水分，同时注意钠、钾盐的补充。一次饮水量不能太多，以150~200毫升为宜。

三、不同气候条件下锻炼的营养特点

（一）冬季锻炼的营养特点

冬季气温较低，寒冷的环境使机体代谢加快，散热量增加，所以膳食中应增加蛋白质及脂肪含量，同时补充热能充足的食物和维生素 A、B、B、C、E。因冬季着装较多，户外活动少，接受日光直接照射时间较少，还应在膳食中补充维生素 D 和钙、磷、铁、碘的含量。

（二）夏季锻炼的营养特点

夏季人体内物质代谢变化很大，大量出汗使能耗增加，并使钙、钠、钾及维生素大量消耗和丢失。所以，夏季锻炼时的膳食有其特殊要求，及时合理地补充水与电解质及维生素比补充蛋白质、糖、脂肪更加重要。这时促进散热过程，防止中暑是必需的。电解质氯化钠的摄入，常温下每人每天为 10~15 克，夏季高温再增加 10 克左右，同时补充维生素，包括 C、B_6、胆碱、泛酸、叶酸等。

蛋白质的补充应较平日增多，减少脂肪成分，膳食搭配应清淡可口，以增加食欲为主，并多吃一些蔬菜与水果，以增加矿物质、维生素的摄入。

第三节 健康膳食

一、健康膳食的概念

健康膳食又称平衡膳食，是指膳食中所含营养素种类齐全、数量充足、比例适当，且与人体的需要保持平衡，又不会导致热量过多摄入。健康膳食的目的是促进人体正常发育，确保各组织器官和机能的正常活动，提高人体对疾病的抵抗力，进而提高工作效率，延长寿命。[1]具体来讲，平衡膳食是指同时在四个方面使膳食营养供给与机体生理需要之间建立起平衡关系，即氨基酸平衡、热量和营养素构成平衡、酸碱平衡及各种营养素摄入量之间平衡。只有这样，才有利于营养素的吸收。

现代医学研究证明，人类各种疾病的发生，或多或少、或轻或重都与人体内营养平衡失调有关，如心血管病与钾、镁、锌低而铜高有关；高血压与钠高、钾低、镁不足有关；脑血管病与钙、镁、锌、硒不足有关。所以，人体营养平衡至关重要。尤其是当今科学的日益发达，化肥、农药的广泛使用，食物添加剂在食品加工中的应用，高科技生物食品的不断开发，保健食品的种类越来越多，而且食品的加工越来越细，因而当今人类在营养失调日趋严重的状况下，健康膳食的意义就越发显得重要。

二、健康膳食指南

"民以食为天"，膳食是人体健康的基础。随着科学的进步，人们逐步明

---

[1] 周颖. 东方健康膳食模式的代表[J]. 家庭医学，2021（12）：39.

确膳食构成和一些疾病的发生存在相关性,膳食指南由此应运而生。膳食指南是根据营养学原则,针对各地存在的问题而提出的合理膳食基本要求,它引导民众合理选择并搭配食物,达到平衡、合理膳食,减少疾病,促进全民健康。我国政府于1989年首次发布了《中国居民膳食指南》,在1997年4月,再次发布了修改后的新的膳食指南。2007年,国家卫生部委托中国营养学会制定了《中国居民膳食指南》(2007),体现了国家对提高国民健康素质的极大关注。

《中国居民膳食指南》由一般人群膳食指南、特定人群膳食指南和平衡膳食宝塔三部分组成。这里只介绍一般人群膳食指南和平衡膳食宝塔。

(一)一般人群膳食指南

一般人群膳食指南共有10条,适于6岁以上的正常人群。

(1)食物多样,谷类为主,粗细搭配。

(2)多吃蔬菜、水果和薯类。

(3)每天吃奶类、大豆或其制品。

(4)常吃适量的鱼、禽、蛋和瘦肉。

(5)减少烹调油用量,吃清淡少盐膳食。

(6)食不过量,天天运动,保持健康体重。

(7)三餐分配要合理,零食要适当。

(8)每天足量饮水,合理选择饮料。

(9)饮酒应限量。

(10)吃新鲜卫生的食物。

(二)中国居民平衡膳食宝塔

中国居民平衡膳食宝塔提出了一个营养上比较理想的膳食模式。它所建议的食物量，特别是奶类和豆类食物的量可能与大多数人当前的实际膳食还有一定的差距，对某些贫困地区来讲可能距离还很远，但为了改善中国居民的膳食营养状况，这是需要满足的。应把它看作是一个奋斗目标，努力争取，逐步达到。

膳食宝塔指明的每天适宜摄入物量和种类是为了给人们以直观印象，并非严格规定。中国营养学会理事长葛可佑强调，他们推广的是"均衡"饮食的理念，提倡的是长期坚持的态度。

1. 中国居民平衡膳食宝塔说明

（1）膳食宝塔结构

膳食宝塔共分5层，包含我们每天应吃的主要食物种类。膳食宝塔各层位置和面积不同，这在一定程度上反映出各类食物在膳食中的地位和应占的比重。新的膳食宝塔图增加了水和身体活动的位置，强调足量饮水和增加身体活动的重要性。

（2）膳食宝塔建议的食物量

膳食宝塔建议的各类食物摄入量都是指食物可食部分的重量。各类食物的重量不是指某一种具体食物的重量，而是一类食物的总体重量。

2. 中国居民平衡膳食宝塔的应用

（1）确定适合自己的能量水平

膳食宝塔中建议的每人每日各类食物适宜摄入量范围适用于一般健康人，在实际应用时要根据个人年龄、性别、身高、体重、劳动强度、季节等情况适当调整。

（2）根据自己的能量水平确定食物需要

膳食宝塔建议的每人每天各类食物适宜摄入量范围适用于一般健康成年人，按照7个能量水平分别建议了10类食物的摄入量，应用时要根据自身的能量需要进行选择。

（3）食物同类互换，调配丰富多彩的膳食

可把营养与美味结合起来，按照同类互换、多种多样的原则调配一日三餐。

（4）要因地制宜，充分利用当地资源

我国幅员辽阔，各地的饮食习惯及物产不尽相同，只有因地制宜，充分利用当地资源，才能有效地应用膳食宝塔。

（5）要养成习惯，长期坚持

膳食对健康的影响是长期的结果。应用平衡膳食宝塔需要养成习惯，并坚持不懈，才能充分体现其对健康的重大促进作用。

三、大学生的膳食调配

大学生正处于青春年盛、向成年过渡的时期，不仅身体发育需要足够的营养，而且繁重的脑力劳动和大量的体育锻炼也要消耗大量的能源物质。因此，合理的膳食和营养有助于提高大学生的身体素质和学习效率。

大学生膳食除应保证足够的粮食以补充热能需要外，还应补充足够的、多样的副食品，一般每人每天平均需供给肉类75～100克、豆类50～100克、鸡蛋1～2个、牛奶250毫升、蔬菜500克及水果1～2个。膳食中的蛋白质最好以动物蛋白为主，优质蛋白占总蛋白量的60%，并应平均分配在一日三餐中。

近年来一些文献报道，人们在精神紧张时水溶性维生素B、B2、C及烟酸等的消耗会增加。大学生紧张的学习和考试，使体内维生素的需要量增加，应从食物中给予补充，以免造成缺乏。

我国膳食中比较容易缺乏的营养元素还有钙、铁、维生素A、核黄素（维生素B2）等。特别是在集体食堂就餐的大学生更应注意预防上述营养缺乏。

缺铁，在女大学生中更为多见。因为女大学生每月有月经血液的丢失，使身体对铁的需要量增多，很容易出现缺铁性贫血。因此，女大学生更应注意补充铁，应选食含铁丰富且吸收利用率高的猪肝、瘦肉、木耳、红枣、海带等食物。

维生素 A 和核黄素是我们平常膳食难以满足需要量的两种维生素，而这两种维生素又与视力有关。大学生使用眼睛的时间较长，更要特别注意这两种维生素的补充。含维生素 A 和核黄素丰富的食物除猪肝、鸡蛋、牛奶外，黄绿色蔬菜中含量也较丰富，若每天能进食 250 克以上的黄绿色的蔬菜，就能提高这两种维生素的摄入量，从而满足维生素的营养需求。

钙和碘对大学生的身体发育和适应繁重的学习任务具有重要意义，每天膳食中应注意选用牛奶、鸡蛋、大豆、虾皮、海带、紫菜、各种海鱼等含钙和碘丰富的食物。

卵磷脂是构成神经细胞和脑细胞代谢的重要物质，有人试验，大豆卵磷脂给正常人服用，精力比服用前充沛，学习和工作的效率也大大增加。富含卵磷脂的食物有鸡蛋、豆类、瘦肉、肝、牛奶等。

参考文献

[1] 陈伟. 民族体育创新发展研究 [M]. 西安：西安电子科技大学出版社，2017.

[2] 陈玉群. 体育教学研究 [M]. 北京：光明日报出版社，2016.

[3] 邵斌. 大学公共体育专业化教学改革理论与实践 [M]. 上海：上海大学出版社，2015.

[4] 陈伟，刘青，王纯. 民族体育创新发展研究 [M]. 成都：电子科技大学出版社，2014.

[5] 郑厚成. 体育与健康 教师用书 [M]. 北京：高等教育出版社，2002.

[6] 张瑞林，张伟. 体育与健康 [M]. 济南：山东大学出版社，2008.

[7] 孔韦忠. 学校体育与心理健康教育 [M]. 太原：山西科学技术出版社，2008.

[8] 纪烈维. 新编大学体育理论教程 [M]. 哈尔滨：黑龙江科学技术出版社，2010.

[9] 刘学军. 学校体育教学系统形态研究 [M]. 北京：研究出版社，2008.

[10] 钱杰，姜同仁. 中国高等体育教育发展模式研究 [M]. 北京：北京体育大学出版社，2004.

[11] 杨文轩. 体育学原理论著选读 [M]. 广州：广东高等教育出版社，1996.

[12] 林少娜，郑李茹. 大学生体育与健康 [M]. 北京：北京体育大学出版社，

2006.

[13] 何小平，肖毅志，刘为. 高职实用体育教程 [M]. 北京：中国环境科学出版社，2008.

[14] 夏越. 现代高校体育教学研究 [M]. 北京：北京理工大学出版社，2019.

[15] 王志斌，严红玲，李梁华. 高校体育与健康教程 [M]. 南昌：江西人民出版社，2017.